# INS HERZ GESCHRIEBEN

Das Naturrecht
als Fundament
einer menschlichen
Gesellschaft

WOLFGANG WALDSTEIN

# INS HERZ GESCHRIEBEN

Das Naturrecht
als Fundament
einer menschlichen
Gesellschaft

WOLFGANG WALDSTEIN

**Sankt Ulrich Verlag**

Bibliographische Information der Deutschen Bibliothek

Die Deutsche Bibliothek verzeichnet diese Publikation in der
Deutschen Nationalbibliographie; detaillierte bibliographische Daten
sind im Internet über http://dnb.ddb.de abrufbar.

© 2010 by Sankt Ulrich Verlag GmbH, Augsburg
Alle Rechte vorbehalten
Umschlagbilder: Fotolia + Photocase
Umschlaggestaltung: uv media werbeagentur,
Mediengruppe Sankt Ulrich Verlag, Augsburg
Druck und Bindung: Ludwig Auer GmbH, Donauwörth
Printed in Germany
ISBN: 978-3-86744-137-7
www.sankt-ulrich-verlag.de

# INHALT

## Erstes Kapitel

# Einleitung

Wenn man in dem gegenwärtigen „Meinungsklima" den Begriff Naturrecht gebraucht, stößt man auf sehr unterschiedliche und widersprüchliche Reaktionen. Sie reichen in der Regel von der Frage, was das denn sei, bis zu der Feststellung, diesen Begriff könne man doch heute nicht mehr gebrauchen, das sei längst und endgültig vorbei. Diese Antworten sind Folgen von seit der Aufklärung und besonders seit dem 19. und 20. Jahrhundert verbreiteten Theorien, die allesamt die Wirklichkeit des Naturrechts ignorieren. Die so reagieren, wissen offenbar nicht, dass es eine reale „gemeineuropäische Naturrechtstradition"[1] gibt, die über 2000 Jahre die gesamte europäische Rechtsentwicklung geprägt hat. Aus dieser Tradition sind in Europa Ende des 18. und Anfang des 19. Jahrhunderts die so genannten „Naturrechtsgesetzbücher"[2] hervorgegangen, das preußische Allgemeine Landrecht von 1794, der französische Code civil von 1804 und das österreichische Allgemeine bürgerliche Gesetzbuch von 1811 (ABGB). Das ABGB ist noch heute in Teilen unverändert in Geltung, besonders in den das Naturrecht betreffenden Teilen. Es gibt also eine naturrechtliche Wirklichkeit in der europäischen Rechtsentwicklung, die keine Theorie aus der Welt zu schaffen vermag. Die europäische Rechtskultur ist ohne diese Wirklichkeit des Naturrechts nicht zu verstehen.

Schon an dieser Stelle muss das monumentale Werk von Johannes Messner, „Das Naturrecht, Handbuch der Gesellschaftsethik, Staatsethik und Wirtschaftsethik" erwähnt werden.[3] Es ist die umfassendste Darstellung des Naturrechts, die man sich denken kann. Demgegenüber wird meine Darstellung bescheiden sein. Sie will zunächst die wichtigsten Argumente gegen das Naturrecht überprüfen. Sodann sollen, soweit dies im vorgegebenen Rahmen möglich ist, die Grundlagen und die Wirklichkeit des Naturrechts in der historischen Rechtsentwicklung aufgezeigt werden. Hierauf will ich auf einzelne Menschenrechte eingehen, deren wichtigstes das zum Leben ist. Es ist die Voraussetzung für alle anderen Menschenrechte.

Im Hinblick darauf, dass die meisten Menschen über die Wirklichkeit des Naturrechts seit der Antike kaum etwas wissen, erschien es mir notwendig, auch für moderne Leser diesen Aspekt zu berücksichtigen. Johannes Messner hat mir dazu auch mit einer wichtigen Aussage Mut gegeben, wenn er sagt:

„Die Entwicklungslinie der traditionellen Naturrechtslehre wieder aufzunehmen hat auf den ersten Blick schon den ungeheuren Vorteil, daß sie auf ein ununterbrochenes Bemühen des menschlichen Geistes durch eine Zeit von mehr als zweitausend Jahren begründet ist, und zwar auch auf ein selbstkritisches wie keines der anderen Systeme der Ethik. Dieser Vorteil scheint besonders bedeutungsvoll in der Zeit einer ‚Krise der Ethik‘, da der größere Teil der zeitgenössischen Philosophie keine wirkliche Antwort weiß, ja vielfach keine wissen zu können vorgibt, auf die fundamentalen Fragen der menschlichen Existenz, die in den bekannten Worten von Kant lauten: ‚Was können wir wissen, was sollen wir tun, was dürfen wir hoffen‘, und auf die Frage, in der, wie er sagt, die genannten zusammenlaufen: ‚Was ist der Mensch?‘“[4]

Ungeachtet der naturrechtlichen Wirklichkeit in der historischen Entwicklung haben sich, beginnend mit der Reformation seit dem 16. Jahrhundert über die Aufklärung des 17. und 18. Jahrhunderts Theorien entwickelt, mit denen die Möglichkeit der Existenz eines Naturrechts bestritten wurde. Besonders folgenreich für die Rechtsphilosophie und die Rechtswissenschaft ist der französische Philosoph August Comte (1798–1857) geworden. Er hat jene Philosophie begründet, in der für die wissenschaftliche Erkenntnis nur das in Frage kommt, was physisch existiert und mit den Sinnen wahrnehmbar ist. Er hat diese Philosophie selbst als die ‚positive‘ bezeichnet.[5] Man nennt diese Theorie daher Positivismus. Die größte Bedeutung für die Rechtswissenschaft hat diese Theorie bei Hans Kelsen, dem Begründer der Reinen Rechtslehre, gewonnen. Er erklärt, dass die Natur „vom Standpunkt empirisch rationaler Erkenntnis, ein Aggregat von als Ursache und Wirkung miteinander verbundenen Seinstatsachen ist“.[6] In der so verstandenen Natur könne es kein Naturrecht geben. Rechtsphilosophie und Rechtswissenschaft wurden seit der zweiten Hälfte des 19. Jahrhunderts und weithin im 20. Jahrhundert von dieser Theorie beherrscht. Symptomatisch für dieses ‚Meinungsklima‘ sind Ausführungen von Adolph Leinweber, der das Naturrecht als „Trugbild unserer Wunschträume“ zu bezeichnen wagt und behauptet, „daß wir noch niemals eine Kenntnis, sondern nur ‚die Illusion einer Kenntnis des Naturrechts‘ besaßen“.[7] Dass Leinweber „niemals eine Kenntnis“ des Naturrechts besaß, muss man ihm zugestehen. Aber man muss auch sagen, dass er von der realen Rechtsentwicklung Europas seit der Antike offensichtlich ebenfalls keine Kenntnis hat.

Eine neue Front gegen das Naturrecht hat sich aufgetan, als der „wissenschaftliche Kongreß der deutschsprachigen Moraltheologen (1965 in Bensberg)“ das Naturrecht in den „Disput“ gezogen hat. Johannes Messner hat mit klarer Scharfsicht auf diese „neue Front der Naturrechtsgegnerschaft von seiten katholischer Moraltheologen“ hingewiesen und festgestellt, dass die bei diesem Kongress vertretenen Thesen, die von Franz Böckle unter dem Titel „Das Naturrecht im Disput“ herausgegeben wurden, „einer Prüfung unterzogen“ werden sollen. Er schreibt dann: „Sie bedürfen einer solchen auch aus dem Grunde, weil sich im Buch schon alle Argumente finden, mit denen Moraltheologen heute die Lehre der Enzyklika (Humanae vitae, 1968) über die Empfängnisverhütung anfechten. Die dieser Lehre zugrunde liegende Auffassung des Naturrechts bzw. Naturgesetzes sei unhaltbar. Die Frage nach der Natur des Menschen wird neu gestellt und damit die Frage, ob und wieweit überhaupt sinnvollerweise von Naturrecht gesprochen werden kann".[8] Die Stoßrichtung dieses Angriffs ist klar. Man wollte der drohenden Verkündigung der kirchlichen Lehre zu Fragen der Sexualmoral die Grundlage des Naturrechts entziehen und so die Vorbereitung der Enzyklika *Humanae vitae* in die erwünschte Richtung lenken.

Die Wirkung dieser „Neuorientierung" ist in der Entwicklung von Josef Fuchs S. J. exemplarisch sichtbar. Er wurde 1954 zum Professor der Moraltheologie an der päpstlichen Universität Gregoriana ernannt. Noch 1955 hatte er ein ausgezeichnetes Buch über die „Lex Naturae, Zur Theologie des Naturrechts"[9] veröffentlicht. Er hat in diesem Buch vorbildlich klar und überzeugend die klassische Auffassung vom Naturrecht dargetan. Der von den deutschsprachigen Moraltheologen eröffnete „Disput" hat jedoch Fuchs zum entschiedenen Gegner des Naturrechts „bekehrt". Zum 20-jährigen Jubiläum der Enzyklika *Humanae vitae* konnte er in den „Stimmen der Zeit" ausführlich und mit für mich unfasslichen Argumenten implizit behaupten, dass die gesamte klassische Lehre des Naturrechts seit Aristoteles, den römischen Juristen, der Rechtswissenschaft bis zu den „Naturrechtsgesetzbüchern" des 18. und 19. Jahrhunderts und die gesamte Sittenlehre der Kirche auf einem „naturalistischen Fehlschluß" beruhe.[10] Eine ungeheure Behauptung, die eine völlige Erblindung für die Wirklichkeit des Naturrechts verrät. Hier zeigt sich, welche Wirkung falsche Theorien haben können. Aber diese Theorien können die Wirklichkeit des erkannten Naturrechts nicht berühren. Sie können nur hinsichtlich der Kenntnis des Naturrechts arge Verwirrung stiften, und das haben sie zweifellos erfolgreich getan. Die Einzelheiten dieser „Bekehrung" werden im zweiten Kapitel unter I. und III. behandelt.

Gegenüber diesen düsteren Verwirrungen leuchten die klaren Erkenntnisse betreffend das Naturrecht besonders seit dem großen griechischen Philosophen Aristoteles (384–322

v. Chr.) als wirklicher Schatz für eine menschenwürdige Ordnung der menschlichen Gesellschaft und der Staaten. Im 2. Jahrhundert v. Chr. kam es zu einer Berührung der römischen Rechtswissenschaft mit der griechischen Philosophie. Okko Behrends konnte den Einfluss des „sozialen Naturrechts" des Stoikers Antipater von Tarsos auf die Juristen des 2. Jahrhunderts vor Christus aufzeigen. Er schreibt: „Die Tragweite der Wendung des Antipater von Tarsos zu einem sozialen Naturrecht liegt nun darin, daß sie kein auf Athen beschränktes, philosophie-geschichtliches Ereignis blieb, sondern alsbald nach Rom drang und dort, wie im folgenden zu zeigen, vor allem auf die Jurisprudenz wirkte. Über diesen Weg hat die Lehre des Antipater eine außerordentliche Folgewirkung gehabt, die in Teilbereichen bis auf den heutigen Tag anhält".[11] Der römische Staatsmann und Philosoph Cicero (106–43 v. Chr.) bezeugt, dass der Jurist Rutilius Rufus, der Prätor von 118 v. Chr., ein gelehrter Mann war, in der griechischen Sprache gebildet, Hörer des Panaitios v. Rhodos und nahezu perfekter Kenner der stoischen Philosophie.[12] Er stand „unter dem Einfluß des humanitären Naturrechts des Stoikers Antipater von Tarsos".[13] Als erster hatte er ein Edikt zum Schutz der Freigelassenen gegen die äußerst harten Forderungen durch die Patrone erlassen (Ulp. D. 38, 2, 1 pr.).

Besonders Cicero hat die Erkenntnisse der griechischen Philosophie an Rom vermittelt. Die römische Rechtswissenschaft hat bereits seit dem 2. Jahrhundert v. Chr. fast 500 Jahre kontinuierlich an der Entwicklung eines Rechtes gearbeitet, als dessen erste Quelle das Naturrecht erkannt und ausdrücklich bezeichnet wurde. Das Ergebnis der Arbeit vor allem der klassischen römischen Rechtswissenschaft (1.–3. Jh. n. Chr.) wurde im Jahre 533 n. Chr. vom oströmischen Kaiser Justinian (482–565 n. Chr.) in dem als Digesten bezeichneten Werk als eines seiner Gesetzbücher veröffentlicht. In der Einführungskonstitution zu den Digesten nennt Justinian dieses Werk einen „Tempel der römischen Gerechtigkeit" *(iustitiae Romanae templum)*. Der erste Text dieses Werkes, der von Ulpian († 223 n. Chr.) stammt, enthält eine Erklärung, aus welchen Quellen das Privatrecht „zusammengebracht" *(collectum)* ist. In dieser Erklärung steht das Naturrecht an erster Stelle.[14] Die Wiederentdeckung dieses Werkes im Mittealter und dessen Studium an der ursprünglichen Schule der *artes* in Bologna hatte eine enorme Wirkung für Europa. Sie verwandelte zunächst den Charakter dieser Schule in den der ersten Universität Europas. Dies löste die zahlreichen Universitätsgründungen im Mittelalter aus. Die Arbeit besonders an den Digesten hat in der Folge die gesamte weitere Entwicklung der europäischen Rechtskultur geprägt. Auf dieser Basis kann das österreichische ABGB noch heute im § 16 sagen: „Jeder Mensch hat angeborene, schon durch die Vernunft einleuchtende Rechte". Daher ist die Kenntnis des Naturrechts nicht eine Frage irgendwelcher mehr oder weniger zuverlässiger philosophischer Theorien, sondern eine Realität in der gesamten Entwicklung der europäischen Rechtskultur. Nur auf der Grundlage des Naturrechts kann es die „unverletzlichen und unveräußerlichen Menschenrechte als Grundlage jeder menschlichen Gemeinschaft, des Friedens und der Gerechtigkeit in der Welt" geben, zu denen sich das Deutsche Volk in Art. 1 Abs. 2 Grundgesetz (GG) noch 1949 bekannt hat. Inzwischen ist dieses Bekenntnis freilich mehr und mehr faktisch entleert worden.

Auf dieser Grundlage konnte auch Papst Johannes Paul II. in *Evangelium vitae* Nr. 2 feststellen: „Selbst in Schwierigkeiten und Unsicherheiten vermag jeder Mensch, der in ehrlicher Weise für die Wahrheit und das Gute offen ist, im Licht der Vernunft und nicht ohne geheimnisvollen Einfluß der Gnade im ins Herz geschriebenen Naturgesetz (vgl. Röm 2,14–15) den heiligen Wert des menschlichen Lebens vom ersten Augenblick bis zu seinem Ende zu erkennen und das Recht jedes Menschen zu bejahen, daß dieses sein wichtigstes Gut in höchstem Maße geachtet werde. Auf der Anerkennung dieses Rechtes beruht das menschliche Zusammenleben und das politische Gemeinwesen."

Inzwischen hat auch Papst Benedikt XVI. mehrfach zum Naturrecht Stellung genommen. Bereits in der Enzyklika *Deus caritas est* vom 25. Dezember 2005 hat der Papst (Nr. 28 a) gesagt: „Die Soziallehre der Kirche argumentiert von der Vernunft und vom Naturrecht her, das heißt von dem aus, was allen Menschen wesensgemäß ist." In ganz umfassender Weise hat Papst Benedikt XVI. diese Fragen in seiner Enzyklika *Caritas in veritate* „über die ganzheitliche Entwicklung des Menschen in der Liebe und in der Wahrheit" vom 29. Juni 2009 behandelt (dazu noch unten Kap. 10 III 4).

In all diesen Aussagen können sich die Päpste und das kirchliche Lehramt auf die seit der Antike klar erkannte Wirklichkeit des Naturrechts stützen. Es können daher kirchliche Aussagen über das Naturrecht nicht einfach als Aussagen über religiöse Überzeugungen abgetan werden. Wenn etwa Friedrich Wilhelm Graf in der „Süddeutschen Zeitung" (19.2.09) erklärt: „Das römische Lehramt stützte sich zunehmend auf ein Naturrechtsdenken, das alle weltliche Ordnung auf das geoffenbarte, allein ‚der Kirche' erschlossene Gottesgesetz begründen wollte", so ist das eine grobe Verkennung und Entstellung der Wahrheit. Die Kirche weist vielmehr auf das seit jeher erkannte Naturrecht hin, das auch die Grundlage der erklärten oder in Konventionen festgelegten Menschenrechte ist. Dies verdeutlicht auch ein neuester Beitrag von Herbert Schambeck über „Naturrecht in Zeitverantwortung", der auf die Neuorientierung auf das Naturrecht in jenen Staaten eingeht, die den realen Sozialismus erfahren haben. Schambeck zitiert zwei „Staatsrechtslehrer einer Nation, die im vergangenen Jahrhundert wie kaum eine andere autoritäre und totalitäre Regime zu erleiden hatte sowie in deren Folge Unmenschlichkeiten erfahren hat, nämlich der polnischen Nation". Das Zitat lautet: „Die Problematik der Rolle vom Naturrecht in der Verfassungsordnung bildet immer einen Beitrag zur Diskussion darüber, ob der Staat und seine Ogane diese Werte tatsächlich respektieren, die doch einen primären und unveräußerlichen Charakter aufweisen." Und weiter: „Besonders sichtbar wird es in der Zeit des Systemwechsels und der ihn begleitenden kritischen Beurteilung der bisherigen Lösungen, die die typisch positivistische Konstruktion von Mechanismen der Macht charakterisieren. Die historischen Erfahrungen zeugen nämlich davon, dass man schon immer nach solch einer Formel der Staatsfunktionierung sucht, die gebührenden Respekt für die Rechte eines jeden Menschen sichern würde."[15]

Die heute verbreiteten irrigen Auffassungen über das Naturrecht können jedoch diese von Johannes Paul II. und Benedikt XVI. bezeugte Fähigkeit des Menschen geradezu ausschalten. Daher ist es notwendig, zunächst die Tragfähigkeit dieser Auffassungen zu prüfen. Im nächsten Kapitel müssen daher die wichtigsten Argumente gegen das Naturrecht geprüft und widerlegt werden, um den Blick auf die Realität des Naturrechts frei zu machen. Hierauf kann die tatsächliche Erkenntnis des Naturrechts und seine Bedeutung für die gesamte Rechtsentwicklung Europas dargestellt werden.

Zweites Kapitel

# Gibt es ein Naturrecht?

## I. Der behauptete naturalistische Fehlschluss

Es ist eine logische Selbstverständlichkeit, dass man von der physischen Natur nicht auf die Existenz geistiger Gegebenheiten schließen kann. Man kann von der physischen Natur aber auch nicht umgekehrt auf die Nichtexistenz geistiger Gegebenheiten, wie etwa der Gesetze der Logik, schließen. Genau das geschieht jedoch bei der Behauptung, Naturrecht könne nur durch einen „naturalistischen Fehlschluss" aus der Natur abgeleitet werden. Denn aus der Natur als etwas Seiendem könne kein Sollen abgeleitet werden. Damit wird stillschweigend vorausgesetzt, dass Normen als solche nicht existieren können.

Das Problem von Sein und Sollen spielt etwa bei der Begründung der positivistischen „Reinen Rechtslehre" von Hans Kelsen eine entscheidende Rolle[1]. Der deutsche Rechtslogiker Ulrich Klug hat zudem den Versuch einer formallogischen „Rechtfertigung der Kritik an dem Pseudoschluß vom Sein auf das Sollen" unternommen.[2] Klug leitet diesen Versuch mit folgender Feststellung ein: „Zu den Basisthesen der Reinen Rechtslehre von Hans Kelsen zählt der bekannte Satz von der prinzipiellen Unterscheidung zwischen Seins-Aussagen und Sollens-Aussagen mit der Konsequenz, ‚daß daraus, daß etwas ist, nicht folgen kann, daß etwas sein soll, so wie daraus, daß etwas sein soll, nicht folgen kann, daß etwas ist.' Obwohl das, wie man meinen möchte, schon auf den ersten Blick als logisch zwingend erscheinen sollte, ist dieser Dualismus von Sein und Sollen, auf dem Kelsens Analyse und Theorie des positiven Rechts aufbaut, immer wieder das Ziel lebhafter Angriffe geworden. Das Motiv der

Proteste ist klar, denn schon an dieser Stelle, also bereits bei der Grundlegung der Reinen Rechtslehre, wird die ausschlaggebende Entscheidung für das Naturrechtsproblem getroffen. Falls nämlich diese These richtig ist, dann kann es keine Deduktion von Normen für das Verhalten der Menschen aus der Natur als etwas Seiendem geben, wie immer der Begriff der Natur verstanden wird, ob als Natur des Menschen oder als Natur der Sache, ob als empirische oder apriorische Natur, als Wesen des Seins oder als ein sonstiges Etwas. Stets können Normen nur aus Normen abgeleitet werden".[3] Er präzisiert dann: „Das kann man bereits ohne Einsatz der von der mathematischen Logik zur Verfügung gestellten Mittel evident machen, indem man sich das Folgende vergegenwärtigt: aus einer noch so umfangreich gedachten Menge von Prämissen, die keinen Sollenssatz enthält, kann niemals ein Sollenssatz gefolgert werden, denn es müßte sonst möglich sein, daß in dem Schlußsatz eine Eigenschaft – nämlich das Gesolltsein von etwas – auftreten könnte, die nicht in den Prämissen vorgekommen ist".[4]

Klug denkt offenbar, dass die Wörter „formale Logik" schon für sich als Beweis genügen, dass man eine wissenschaftliche Methode einsetzt, die unwiderlegbare endgültige Ergebnisse sicherstellt. Wenn „Normen nur aus Normen abgeleitet werden" können, braucht man nur die Frage zu stellen, was eigentlich diese Normen sind, aus denen nur wieder Normen abgeleitet werden können. Existieren Normen? Wenn sie existieren, sind sie etwas Seiendes, also ein „Sein" mit normativem Gehalt. Wenn sie aber nicht existieren, also in Wahrheit nicht zum „Sein" gehören, wie kann man aus ihnen dann Normen ableiten? Kurzum: Das einzige Ergebnis, das Klug mit seinen Argumenten wirklich erreichen konnte, ist die Selbstverständlichkeit, dass von Prämissen, die kein normatives Element enthalten, eine Schlussfolgerung mit einem normativen Element nicht gezogen werden kann. Was er jedoch weder bewiesen hat noch beweisen könnte, ist die stillschweigend angenommene Voraussetzung, dass Normen nicht dem „Sein" angehören, also in Wahrheit nicht existieren. Wenn das jedoch wahr wäre, dann könnten keinerlei Normen existieren, auch nicht die des positiven Rechts. Wenn es wahr wäre, dass Normen nicht dem „Sein" angehören können, dann müsste die Vorstellung, dass man irgendwelche Rechte *haben* könnte, aufgegeben werden. Nicht existente Rechte kann man weder *haben* noch erwerben oder übertragen. Das *Haben*, Erwerben, Übertragen oder auch Verlieren von Rechten ist jedoch unbestreitbare rechtliche Realität seit Jahrtausenden.

Dieser offensichtlichen Schwierigkeit versucht Klug mit einem Zugeständnis zu entgehen, das ich nur als absurd bezeichnen kann. Er schreibt, „daß man ohne formalen Verstoß *metasprachlich* vom Sein des Sollens sprechen darf." „In einer *Metasprache,* d. h. in einer Sprache, in der man über eine andere Sprache, die sogenannte Objektsprache spricht", könne „man in Form von Seinssätzen über objektsprachliche Sollenssätze reden".[5] Daraus folgt, dass man Normen nur als sprachliche Aussagen ansehen kann, die ihrerseits metasprachlich zum Gegenstand von Aussagen gemacht werden können und damit als „Objektsprache" fungieren. Nimmt man das an, dann folgt daraus zwingend, dass Normen als solche nicht existieren. Die Rechtswissenschaft hat dann in Wahrheit keinen Gegenstand. Sie macht sich vielmehr metasprachlich „objektsprachliche Sollenssätze" zu einem fiktiven Gegenstand, der im Sein in Wahrheit nicht „vorhanden" ist. Hier zeigt sich, wohin es führt, wenn man die Logik zum Maßstab der erkennbaren Wirklichkeit macht. Kelsen selbst hat völlig zutreffend festgestellt: „Daß es nicht die Logik, sondern die materielle Wissenschaft ist, die feststellt, ob eine Aussage wahr oder unwahr ist, versteht sich von selbst".[6] Dies hat Klug offensichtlich nicht „von selbst" verstanden.

Das hohe wissenschaftliche Ethos Kelsens hat es ihm möglich gemacht, noch im hohen Alter von 84 Jahren 1965 bei der Darstellung des Verhältnisses von Recht und Logik die Lehre vom Dualismus zwischen „Sein" und „Sollen" endgültig aufzugeben. Er sagt deshalb, dass „zwischen der Wahrheit einer Aussage und der Geltung einer Norm" keine

Analogie besteht, „weil Wahrheit und Unwahrheit Eigenschaften einer Aussage sind, Geltung aber nicht Eigenschaft einer Norm, sondern ihre Existenz, ihre spezifische, ideelle Existenz ist. Daß eine Norm gilt, bedeutet, daß sie vorhanden ist".[7] Wenn eine Norm existiert, dann handelt es sich zweifellos um ein Sein mit normativem Gehalt. Und von einem Sein mit normativem Gehalt kann zweifellos ein Sollen folgen.

Diese Erkenntnis Kelsens hat die Argumente von Ulrich Klug ebenso wie die noch zu besprechenden von Josef Fuchs als völlig haltlos erwiesen. Und Kelsen selbst konnte sich nicht mehr auf das Argument gegen Naturrecht stützen, das er früher als unwiderlegbar angesehen hatte, nämlich, dass aus einem Sein kein Sollen folgen könne. Wenn dieses Sein eine Norm ist, dann kann aus ihr zweifellos ein Sollen folgen. Um seine Ablehnung eines Naturrechts aufrechtzuerhalten, musste er zu einem anderen Argument greifen, das noch zu behandeln sein wird.

Zusammenfassend lässt sich sagen, dass der behauptete naturalistische Fehlschluss in Wahrheit das Naturrechtsproblem überhaupt nicht berührt. Wenn es unbestreitbar ein Sein mit normativem Gehalt gibt, dann kann aus diesem Sein ebenso unbestreitbar ein Sollen folgen. Wo es ein solches Sein mit normativem Gehalt gibt, ist nicht eine Frage der Logik, sondern der „materiellen Wissenschaft". Was aber bisher kaum bemerkt wurde, ist die Tatsache, dass der behauptete naturalistische Fehlschluss in sich tatsächlich ein solcher ist. Er impliziert den Schluss von der materiellen, empirischen Natur auf die Nichtexistenz idealer, geistiger Gegebenheiten in der Natur überhaupt. Dies bedeutet die Gleichsetzung der Natur mit dem positivistischen „*Wirklichkeits*begriff", von dem längst erkannt wurde, dass er „zu eng ist", wie auch „der positivistische *Wissenschafts*begriff, ..., zum mindesten für eine ganze Gruppe von Wissenschaften, für die historischen Wissenschaften und die Geisteswissenschaften, nicht ausreicht".[8]

## II. Kelsens Sicht der „Grundlage der Naturrechtslehre"

Nach Kelsens Theorie werden positive Normen durch einen Willensakt geschaffen. Er sagt dann weiter: „Nun kann man vielleicht zugeben, daß Normen nicht notwendig der Sinn *menschlicher* Willensakte sein müssen. Keinesfalls kann man aber zugeben, daß es Normen gibt, die nicht der Sinn eines Willensaktes, wenn auch nicht gerade eines menschlichen Willensaktes, sind. Einer Natur, der Normen immanent sind, muß auch ein Wille immanent sein, dessen Sinn diese Normen sind. Woher kann aber ein solcher Wille in die Natur kommen, die, vom Standpunkt empirisch rationaler Erkenntnis, ein Aggregat von als Ursache und Wirkung miteinander verbundenen Seinstatsachen ist?"[9] In einem anderen Beitrag schreibt er, dass die „Voraussetzung" für die Annahme der Geltung eines Naturrechts „der *Glaube* an eine gerechte Gottheit" ist, deren Wille der von ihr geschaffenen Natur nicht nur transzendent, sondern auch immanent ist". Weil Kelsen jedoch „diese Voraussetzung *nicht* annehmen zu können glaubt", kann er „auch ihre Konsequenz nicht annehmen",[10] nämlich ein Naturrecht. Und er fügt hinzu: „Über die Wahrheit dieses Glaubens zu diskutieren, ist völlig aussichtslos".[11] Es ist sicher zutreffend, dass es aussichtslos gewesen wäre, mit Kelsen über die „Wahrheit dieses Glaubens" zu diskutieren. Über die Wahrheit selbst sagt das aber nichts aus. Es wurde, wie noch zu zeigen sein wird, tatsächlich lange vor der christlichen Offenbarung gesehen, dass das Naturrecht von Gott selbst oder durch die göttliche Vorsehung geschaffen wurde. Insofern hat Kelsen Recht, dass Naturrecht nur als der Sinn des Willens einer gerechten Gottheit verstanden werden kann. Die Erkenntnis dieser Tatsache durch Jahrtausende der Menschheitsgeschichte hängt jedoch nicht vom Glauben an Gott ab. Sie bestätigt vielmehr die Fähigkeit des Menschen zur Gotteserkenntnis. Denn diese fand unter ganz unterschiedlichen Verhältnissen statt und bestätigt damit, was das Zweite Vatikanische Konzil (dem Ersten folgend) in der Dogmatischen Konstitution über die göttliche Offenbarung im Art. 6 gesagt hat: „daß Gott, aller Dinge Ursprung und Ziel, mit dem natürlichen Licht der Vernunft aus den geschaffenen Dingen sicher erkannt werden kann". Dies gilt auch für die Erkenntnis des Naturrechts selbst. Diese Erkenntnis war in der historischen Realität nie von einem Glauben an eine direkte Offenbarung Gottes abhängig. Wie noch das ABGB im § 16 schlicht und einfach sagt, ist das natürliche Recht „schon durch die Vernunft einleuchtend". Man kann sich jedoch auch gegen dieses „Einleuchten" verschließen. Die heutige Wissenschaftstheorie hat dies grundsätzlich getan mit der Folge, dass dann auch über die vom Positivismus gesteckten Grenzen der Wissenschaft hinaus nichts „einleuchten" kann. Die szientistische Wissenschaftstheorie ist ein geistiges Gefängnis ohne Fenster. Die aktive Seite vom „Einleuchten" ist die unmittelbare Einsicht in einen einsichtigen Sachverhalt. Aristoteles zeigt zum Beispiel, dass der Satz vom Widerspruch, wonach „dasselbe demselben nicht zugleich und in derselben Hinsicht … zukommen und nicht zukommen kann", nur durch unmittelbare Einsicht erfasst werden kann.[12] Er schreibt weiters: „Manche verlangen nun aus Mangel an Bildung, man solle auch dies beweisen; denn Mangel an Bildung ist es, wenn man nicht weiß, wofür ein Beweis zu suchen ist und wofür nicht".[13] Diese Aussage ist überaus wichtig. Heute wird in der Wissenschaftstheorie vielfach angenommen, dass nur, was mit Mitteln der Logik bewiesen werden kann, als wissenschaftliche Erkenntnis gelten könne. Deswegen ist es wichtig, zu betonen, dass, wie Aristoteles zeigt, die logischen Gesetze selbst nur durch unmittelbare Einsicht erkannt werden können.[14] Wie sollte man sie auch logisch beweisen können, bevor man die logischen Gesetze überhaupt kennt?

Es ist hier nicht nötig, all die Einzelheiten von Kelsens Argumenten zu diskutieren, die aus seinen positivistischen Voraussetzungen folgen. Ich möchte nur die klare Erkenntnis erwähnen, die bereits Aristoteles gewinnen konnte. Er sagt über frühere philosophische Ansichten, die auch nur von der sinnlich wahrnehmbaren Natur ausgingen: „Die Ursache dieser Ansicht lag aber für ihre Vertreter darin, daß sie zwar nach der Wahrheit über das Seiende suchten, aber nur das Sinnliche (also die Natur im positivistischen Sinne) für Seiendes ansahen. ... Daher reden sie zwar nach dem Schein, aber nicht nach der Wahrheit".[15] Er zeigt auch, dass jedes bedingte, also von etwas anderem abhängige Sein, mit zwingender Logik zu einem unbedingten Ersten führt, ohne das auch menschliche Erkenntnis überhaupt nicht möglich wäre.[16]

Zusammenfassend kann man sagen, dass auch Kelsens letztes Argument gegen das Naturrecht nicht hält. In der Geschichte des Naturrechts hat es zwar die Erkenntnis der Tatsache gegeben, dass das Naturrecht von Gott stammt. Die reale Erkenntnis des Naturrechts, wie sie besonders von den Quellen des römischen Rechts bezeugt wird, war jedoch nie vom Glauben an eine Gottheit abhängig. Es entspricht dem Glauben eines überzeugten Atheisten, der Kelsen nach eigenem Zeugnis war, dass er meint, man könne Naturrecht nur unter der „Voraussetzung" des Glaubens „an eine gerechte Gottheit" annehmen. Die in der Natur vorfindlichen Dinge sind allesamt als Realitäten unabhängig vom Glauben, dass Gott sie geschaffen hat, als Realitäten erkennbar. Niemand wird behaupten, dass die logischen Gesetze, die nicht dem „Aggregat von als Ursache und Wirkung miteinander verbundenen Seinstatsachen"[17] angehören, nur unter der Voraussetzung des Glaubens an ihren Schöpfer erkannt und angenommen werden können. Der Mensch hat die Fähigkeit, sie zu erkennen, so wie er auch seit der vorchristlichen Antike bezeugtermaßen die Fähigkeit hatte, Naturrecht zu erkennen.

## III. Das Naturrecht ohne naturalistischen Fehlschluss in der Sicht von Josef Fuchs[18]

Zum Verständnis der Auffassung von Josef Fuchs ist es leider nötig, einige Texte ausführlicher vorzustellen. Nachdem er zunächst zwei Beispiele für Auffassungen gegeben hat, bei denen er meint, dass „Einverständnis darüber" bestehe, schreibt Fuchs:

„Problematisch dagegen ist die Frage, ob einzelne, in ihrer naturhaften Wirklichkeit beschreibbare Akte als solche, also in ihrer Isoliertheit und völlig unabhängig von anderen Umständen, nämlich von den im aktuellen Vollzug notwendig oder tatsächlich mitvollzogenen Gegebenheiten als sittlich richtig oder falsch beurteilt werden können. Manche haben in der Vergangenheit und auch heute diese Möglichkeit und damit eine zweifache Argumentationsweise im Bereich des sittlichen Naturgesetzes bejaht. / Wenn man heute diese bejahende Antwort hinsichtlich ihrer Berechtigung weitgehend bestreitet, so darum, weil man in ihr einen ‚Fehlschluß' sehen zu müssen glaubt. Das besagt: Diese Argumentationsweise führt zu keiner Lösung im Sinne des natürlichen Sittengesetzes; ihr Ergebnis kann nur ein Nicht-Naturgesetz sein und damit eine ungenügend begründete normative Aussage".[19]

Mit dieser reichlich gewundenen Argumentation wird so getan, als wäre man zur Beurteilung gewisser Handlungen „als sittlich richtig oder falsch" nur im Hinblick auf ihre „naturhafte Wirklichkeit ... in ihrer Isoliertheit" gekommen, und nicht vielmehr im Hinblick auf Normen, die für diese Handlungen maßgeblich sind. Die Ableitung eines Kriteriums für „sittlich richtig oder falsch" aus der bloß als „naturhafte Wirklichkeit" begriffenen Handlung wäre in der Tat nicht möglich. Damit wird aber vorausgesetzt, dass es für solche Handlungen keine unabhängig von allen Umständen verbindliche Norm geben könne, die dem Menschen vorgegeben ist. Auch wenn Fuchs die Positionen von Hume und Moore zunächst nur in indirekter Rede referiert, zeigt sich, dass er selbst ihre Position teilt. Insofern stellt er sich auf den Boden des positivistischen Wissenschafts- und Wirklichkeitsbegriffes.

Wenn er schreibt: „Manche haben in der Vergangenheit und auch heute diese Möglichkeit", nämlich Handlungen in sich „als sittlich richtig oder falsch" beurteilen zu können, „im Bereich des sittlichen Naturgesetzes bejaht", so unterstellt Fuchs zumindest dreierlei. Erstens wird unterstellt, dass bei der Beurteilung der sittlichen Handlung in diesem Falle ein „Nicht-Naturgesetz" durch „naturalistischen Fehlschluß" vorausgesetzt worden sei. Mit anderen Worten: Die Handlung sei nach Normen beurteilt worden, die es gar nicht gebe. „Manche" deutet zweitens darauf hin, dass es irgendwelche Theorien wären, mit denen eine derart fehlerhafte „Argumentationsweise" bejaht worden sei und werde. Es soll nicht bestritten werden, dass es fehlerhafte Argumentationsweisen gegeben hat und gibt. Aber wenn man damit, wie aus den weiteren Ausführungen deutlich wird, in Wahrheit die Existenz objektiv vorgegebener und verbindlicher Normen bestreitet, dann umfasst drittens das „Manche" nicht nur die seit vorchristlicher Zeit gewonnenen Erkenntnisse betreffend Naturrecht und Sittlichkeit, sondern die gesamte Offenbarung und Lehre der Kirche mit Einschluss des Zweiten Vatikanischen Konzils. Die Pastoralkonstitution über die Kirche in der Welt von heute sagt zu dieser Frage klar: „Die Sittlichkeit des Tuns ist also, wenn es darum geht, eheliche Liebe mit einer verantwortungsvollen Übertragung des Lebens zu verbinden, nicht allein von der aufrichtigen Absicht und Bewertung der Beweggründe her zu bestimmen, sondern von objektiven Kriterien, die sich aus der Natur der menschlichen Person und ihrer Akte ergeben. Diese Kriterien wahren den ganzen Sinn gegenseitiger Hingabe und der Erzeugung von Nachkommenschaft zusammen mit wahrer Liebe. Das kann nicht geschehen ohne ernstliche Pflege der Tugend ehelicher Keuschheit. *Von diesen Prinzipien her ist es Kindern der Kirche nicht erlaubt, in der Geburtenregelung Wege zu beschreiten, die das Lehr-*

*amt in der Auslegung des göttlichen Gesetzes verbietet*".[20]
Diese und alle anderen Aussagen in der Pastoralkonstitution
Art. 47–52 zeigen, wie unbegründet die nach dem Konzil
gehegte Erwartung war, der Papst könnte diese Lehre in der
damals noch nicht erlassenen Enzyklika zu diesen Fragen
grundsätzlich ändern. Deshalb haben auch deutsche Moraltheologen bereits vor der Enzyklika den „Disput" über
die naturrechtlichen Grundlagen dieser Lehre eröffnet, um
den Papst durch „Mehrheitsvoten" davon abzuhalten, diese
Lehre festzuschreiben. Seither wird denn auch alles und
mit allen Mitteln darangesetzt, das Naturrecht in seinem
ursprünglichen Verständnis als nicht existent zu erklären.[21]

Um zu zeigen, wohin diese ganze Konstruktion von Fuchs
führt, muss ich das Beispiel anführen, mit dem er zeigen
will, was für ihn eine in sich unsittliche Handlung, ein „intrinsece malum" sein könnte. Zunächst sagt er: „... was unter Ausschluß der Möglichkeit einer anderen Weise der Verwirklichung einer bestimmten Gegebenheit formuliert und
als sittlich unrichtig erkannt ist, ist eine allgemein gültige
Norm, ein *intrinsece malum*". Daran schließt das Beispiel
an: „wer zum Beispiel ein Kind tötet, *nur* um einem Dritten
eine Freude zu machen, handelt unrichtig; wegen des ‚nur'
gilt das absolut und immer".[22] Wenn dies nur „wegen des
‚nur' gilt", dann folgt daraus zwingend: wenn man ein Kind
tötet, nicht „‚nur' um einem Dritten eine Freude zu machen",
sondern ‚auch', vielleicht um sich selbst eine „Freude" zu be-
reiten, würde das nicht „unrichtig" sein. Dazu passt eine
Aussage von Volker Gerhardt in seiner Besprechung eines
Buches von Reinhard Brandt in der „Süddeutschen Zeitung"
vom 14. September 2007: „Richtig ist, dass es eine moderne
Antwort auf die Sinnfrage gibt, die ihre präzise Fassung
erstmals durch Immanuel Kant erhalten hat: Der ‚Wert' des
Menschen liegt in seiner Vernunft, und sein ‚Zweck' erfüllt
sich darin, dass er sich selbst bestimmt." Der bereits oben
(1. Kap. am Ende) zitierte Friedrich Wilhelm Graf erklärt:
„Alteuropäische Vorstellungen von einem übernatürlich
geoffenbarten Gottesgesetz oder vom absoluten Naturrecht,

das dem positiven Recht des Staates als einzig normative Rechtsquelle vorgegeben sei, liefen nur auf Entmündigung des Individuums hinaus. Christliche Ethik müsse in jedem Menschen ein Ebenbild Gottes sehen und ihn als Person anerkennen. Hier wurde Menschenwürde in gottgewollter Autonomie, als vorstaatliches Grundrecht auf Selbstbestimmung konkretisiert" (SZ 19.2.2009). Im Hinblick darauf, was Fuchs über die Tötung eines Kindes, *„nur um einem Dritten eine Freude zu machen"*, sagt, stellt sich die Frage, wie unter den Prämissen der so verstandenen Autonomie jüngste Ereignisse zu beurteilen sind. Die Amokläufer in Deutschland und in den USA haben sich durch kein Naturrecht „entmündigen" lassen und haben offenbar in völliger Autonomie gehandelt. Sie haben bestimmt nicht getötet, „um einem Dritten eine Freude zu machen". Auch ein Herr F. in Österreich, der seine eigene Tochter 24 Jahre im Keller gefangen gehalten und mit ihr dort 7 Kinder gezeugt hat, handelte in vom Naturrecht, aber auch vom staatlichen Recht, losgelöster „Autonomie", in unentmündigter Selbstbestimmung. Warum verhängt man über ihn eine lebenslange Freiheitsstrafe? Die Staatlichen Normen, die offenbar diese Autonomie doch begrenzen, beruhen, wie noch zu zeigen wird, großteils auf naturrechtlichen Erkenntnissen. Inzwischen haben jedoch Staaten unter Mißachtung des Menschenrechts auf Leben und damit des Naturrechts massenhafte Tötungen ungeborener Kinder und auch anderer Menschen zugelassen, was noch im 5. Kapitel näher zu behandeln ist. Alle diese Aussagen über das Naturrecht beruhen auf völliger Unkenntnis der Wirklichkeit der Rechtsentwicklung seit der Antike. Sie entstammen selbstkonstruierten Theorien, die keinen Bezug zur rechtlichen Wirklichkeit haben.

Fuchs erwähnt zwar dennoch eine „allgemein gültige Norm", die aber nur „wegen des ,nur' gilt". Wer aber „formuliert" die Norm? Dazu muss noch ein weiterer Absatz vorgeführt werden:

„Die aufgrund eines naturalistischen Fehlschlusses erstellten eindeutigen und absoluten sittlichen Normen und

Urteile würden als solche den einzelnen immer wieder zur Treue gegenüber ihren Forderungen aufrufen. Sie würden keine Ausnahmen und keine *Epikeia* hinsichtlich der einmal formulierten Norm in schwierigen Situationen gestatten; aber sie würden auch nie mehr fordern. Sie würden immer die Konversion der menschlichen Person fordern, damit sie sich trotz ihrer Schwäche immer neu an der einmal erkannten und formulierten Norm – und ausschließlich an ihr – ausrichte. Die Formulierungen des wahren Naturrechts ohne naturalistischen Fehlschluß sind anders. Sie fragen je nach der konkreten menschlichen Wirklichkeit und wollen, daß man ihr im Handeln entspreche. Konversion ist nicht die immer wieder erneuerte Hinwendung zu einer einmal gefundenen und formulierten Norm, sondern das je engagierte Suchen – unter Verwendung des Ererbten – nach der je richtigen Antwort auf eine gegebene konkrete menschliche Wirklichkeit als ganzer, und dann die entsprechende Handlung selbst als Antwort".[23]

Der Mann weiß offenbar nichts von der Bedeutung des Naturrechts für die reale Rechtsentwicklung seit der Antike, auf die noch ausführlich einzugehen ist. Sie stellt die objektive Realität des Naturrechts so außer Zweifel, dass es zu leugnen einfach absurd ist. Und an die Stelle dieses seit über zweitausend Jahren in konkreten Rechtsordnungen verwirklichten Naturrechts, das auch die modernen Erklärungen und Konventionen der Menschenrechte trägt, sollen nun die „Formulierungen des wahren Naturrechts ohne naturalistischen Fehlschluß" treten, das neu erfundene Naturrecht des Proportionalismus, das es objektiv wirklich nicht gibt. Welche Hybris gegenüber allen großen Philosophen, Juristen und Theologen der Vergangenheit! Nur David Hume und G. E. Moore sind für Fuchs Autoritäten. Mit diesen Ausführungen wird aber auch die gesamte mit dem natürlichen Licht der Vernunft schon vor der christlichen Offenbarung erkannte und dann mit dem Licht der göttlichen Offenbarung von der Kirche durch Jahrhunderte gelehrte und durch das II. Vatikanische Konzil bekräftigte

Sittenlehre verworfen. Das Apostolische Schreiben *Familiaris consortio* von Papst Johannes Paul II. aus dem Jahre 1981 wird einfach ignoriert. Und dieser Mann konnte Jahrzehnte an der Päpstlichen Universität Gregoriana in Rom Moraltheologie lehren und unzählige künftige Priester und wohl auch viele künftige Bischöfe mit seinen Irrlehren infizieren. Bereits Cicero hatte dergleichen in einem bemerkenswerten Text über die Ursache der geistigen Verwirrung ausgedrückt: „Den Seelen werden alle Fallen gestellt, entweder von denen, die ich eben aufzählte,[24] die sie vergiften (im Originaltext: *inficiunt)* und nach ihrem Willen verbiegen, wenn sie sie zart und unerfahren in die Hand bekommen haben, oder von ihr, die tief allen Sinnen verflochten innewohnt, nämlich die Vortäuscherin des Guten, die Lust, in Wirklichkeit die Mutter aller Übel; durch ihre Verlockungen verdorben, sehen sie das von Natur aus Gute nicht klar, weil es diese Süßigkeit und diesen Reiz nicht besitzt".[25]

Die Folgen der Lehren von Fuchs und natürlich noch von vielen anderen für die Kirche haben sich wahrhaftig gezeigt. Erklärungen von Bischofskonferenzen, die den Ideen von Fuchs nahe stehen, sind heute noch in Geltung. Die (nach einer Ermahnung der Österreichischen Bischofskonferenz durch den Papst beim Ad-limina-Besuch 1987 im Jahr 1988 erfolgte (lahme) Korrektur der „Maria-Troster Erklärung" gegen *Humanae vitae* ist in der Folgezeit offiziell nicht mehr genannt worden. Vielmehr haben Kardinal König und nach ihm Erzbischof Schönborn, damals noch nicht Kardinal, die Gültigkeit der Maria-Troster Erklärung bestätigt. In Deutschland hat es bisher nach meiner Kenntnis auch nicht einen Versuch einer Korrektur der „Königsteiner Erklärung" gegeben. Nach der Lektüre des geistigen Verwirrspieles von Fuchs kommen mir unwillkürlich Worte in den Sinn, die Shakespeare im Hamlet dem Polonius in den Mund legt: „Ist dies schon Tollheit, hat es doch Methode".[26]

Die Behauptung von Fuchs, dass die gesamte Naturrechtstradition seit der Antike auf einem naturalistischen Fehlschluss beruhe, beweist eine völlige Unkenntnis der

Realität. Es ist eine sachlich völlig unbegründete und rein willkürliche Unterstellung, die mit der historischen Wirklichkeit nichts zu tun hat. Aber diese Unterstellung impliziert den bereits oben (I.) genannten umgekehrten naturalistischen Fehlschluss, nämlich den Schluss von der sinnlich wahrnehmbaren Natur auf die Nichtexistenz von geistigen Realitäten wie Normen des Naturrechts. Fuchs selbst hatte diese Realitäten in seinem Buch „Lex naturae. Zur Theologie des Naturrechts", das 1955 erschienen ist, hervorragend dargestellt. Ich möchte hier wenigstens den ersten Absatz aus dem ersten Kapitel wiedergeben:

„Nicht nur die Philosophie, sondern auch die Theologie (als Offenbarungstheologie) kann und muß über die Wirklichkeit, die wir Naturrecht oder Naturgesetz nennen, Aussagen machen. Der Grund liegt nicht nur darin, daß das Naturrecht mit den übernatürlichen und offenbarten Gegebenheiten in innerer Beziehung steht, sondern auch und vor allem darin, daß Gott uns in der übernatürlichen Offenbarung darüber unmittelbar unterrichtet hat. Insofern die Kirche im Heiligen Geiste Trägerin und Künderin der Offenbarung und gleichzeitig authentische Lehrerin in allen Fragen, die innerlich mit der Offenbarung in Beziehung stehen, ist, scheint es im Rahmen theologischer Überlegungen über das Naturrecht angebracht, zunächst einmal auf das Wort der Kirche zu hören. Dieses Wort ist theologische Quelle für das, was der Philosoph in denkerischem Bemühen als Naturrecht erkennt. So steht für den Theologen an erster Stelle nicht die Problematik, sondern das schlichte Hinhorchen".[27]

Es drängt sich die Frage auf, was in diesem Menschen vor sich gegangen sein muss, dass er 1988 das schreiben konnte, was ich vorher darstellen musste. Einen Schlüssel bieten vielleicht folgende Aussagen: „Gottes alles umfassende Souveränität ist transzendent, also nicht innerweltlich und steht darum nicht in Konkurrenz mit den Rechten des Menschen. Die Aussage, daß Menschen nicht über die genannten Wirklichkeiten[28] entscheiden dürfen, sondern nur Gott, ist demnach ein Fehlschluß; will man ihn (mit gutem Grund) nicht naturalistisch nennen, so darf er metaphysisch oder theologisch heißen".[29]

Gottes Existenz wird damit nicht direkt bestritten, was vom positivistischen Wissenschafts- und Wirklichkeitsbegriff aus an sich konsequent, aber für einen Theologen doch zu unpassend wäre. Gott wird aber in eine Transzendenz verbannt, die es jedoch nach dem positivistischen Wissenschafts- und Wirklichkeitsbegriff jedenfalls für die Wissenschaft nicht gibt. Damit nimmt man dem zwar verbal anerkannten „Verhältnis Gottes zu seiner Schöpfung" die Möglichkeit, „in Konkurrenz mit den Rechten des Menschen zu treten". Die Vorstellung, dieser Gott hätte in seiner Schöpfung dem Menschen auch verbindliche Normen auf den Weg geben können, wird nun umgekehrt als „metaphysischer oder theologischer Fehlschluß" bezeichnet. So ist der Mensch von allen Seiten in seiner uneingeschränkten Autonomie abgesichert. Das Geschöpf Mensch macht sich selbst zum Gott, der Verheißung der Schlange im Paradies folgend: „ihr seid wie Gott, erkennend Gutes und Böses" (Gen 3,5). Dies wird durch die weiteren Ausführungen von Fuchs noch verdeutlicht.

Dieses tragische Ergebnis der Entwicklung von Josef Fuchs lässt unwillkürlich an Christian Thomasius denken (1655–1728). Er begann seine Forschungen als einer der Spezialisten der Aufklärung für das Naturrecht. Er wollte es jedoch von jeder theologischen Abhängigkeit befreien und auf die autonome Vernunft gründen. Wie aber Stefan Buchholz in seiner meisterhaften Analyse gezeigt hat, endet die für unabhängig erklärte Vernunft schließlich in ihrer Selbstzerstörung. Die fundamentale Prämisse des Thomasius lautet: Der Wille bewegt immer die Vernunft. Die Folge aus dieser Prämisse ist, dass der vernunftbegabte Mensch in einen Sklaven seiner Leidenschaften[30] verwandelt wird. Die menschliche Vernunft und die Freiheit des Willens werden damit geleugnet. Die Folgen dieser Annahme erklärt Buchholz folgendermaßen: „Menschliche Erkenntnis ist, als Vorgang und Ergebnis, ein Produkt der Unfreiheit, hebt sich mithin selbst auf – die Affekte prägen den Willen und der Wille gibt dem Verstand seine Vorurteile ein (,voluntas praeiudicium facit intellectui'). Die gegenseitige Hemmung der beiden hauptsächlichen moralischen Potenzen des Menschen, Geist und Wille, verbietet also individuelle Erkenntnis schlechthin".[31] Es ist eine besondere Ironie, dass die Unabhängigkeitserklärung der Vernunft in ihrer Selbstzerstörung und schließlich in der Französischen Revolution bei der nackten Göttin der Vernunft auf dem Altar von Notre Dame von Paris und bei der Guillotine für Dissidenten geendet hat.[32]

Nach der Darstellung einiger der wichtigsten Argumente gegen das Naturrecht, die allesamt rein theoretischer Natur sind und die Wirklichkeit des Naturrechts völlig ignorieren, ist es nun angebracht zu zeigen, welche Wirklichkeit des Naturrechts die Quellen seit der Antike bezeugen. Vor allem wird zu zeigen sein, welche tatsächliche Rolle das Naturrecht in der Rechtsentwicklung Europas bis zu den Erklärungen und Konventionen der Menschenrechte gespielt hat.

Drittes Kapitel

# Das Naturrecht in Zeugnissen der Antike

Der erste und wohl wesentlichste Grundzug des seit der vorchristlichen Antike entwickelten Menschenbildes ist das Bewusstsein der Geschöpflichkeit des Menschen. Damit hängen die weiteren Grundzüge zusammen, dass der Mensch in seinem Handeln an objektive Normen gebunden ist, die für ihn erkennbar sind, und dass der Sinn seines Lebens sich nicht in diesem Leben erschöpft. Dies lässt sich so weit zurückverfolgen, wie überhaupt Spuren menschlichen Denkens zurückreichen, so etwa im berühmten Codex Hammurabi (um 1700 v. Chr.). Seit Hesiod (um 700 v. Chr.) ist die Kenntnis der Tatsache bezeugt, dass der Mensch mit seiner Existenz eine normative Ordnung vorfindet, die nicht von ihm stammt und der kausalen Ordnung der außermenschlichen Natur als „Ordnung des rechtlichen Sollens" gegenübersteht.[1] Die Menschen sind, wie Alfred Verdross bei seiner Würdigung Hesiods zusammenfassend sagt, „verpflichtet, nach der Ordnung der Dike zu leben. Sie können sich aber auch anders verhalten, ... und auf diese Weise den im Bereiche der außermenschlichen Natur unbekannten und undenkbaren Tatbestand des Unrechts setzen".[2] Diese Tatsache wird von Sophokles in der Tragödie Antigone (v. 450–458) besonders eindrucksvoll unterstrichen. Aristoteles zitiert diesen berühmten Text wiederholt.[3] Hans Welzel schreibt zur „personalen Seite der naturrechtlichen Wahrheit", dass „sie schon in der Frühzeit des Naturrechts, vor allem in der Gestalt der Antigone, deutlich sichtbar" geworden ist." Er meint, das Verhältnis zur grenzenlos gewordenen Macht betreffend: „Diese im wahrsten Sinne ‚existentielle' Bedeutung der Rechtsfrage hat der Naturrechtsgedanke zu allen Zeiten zum Bewußtsein gebracht; er hat offenbar gemacht, daß der Bestand eines daseinstranszendenten verpflichtenden Sollens die Möglichkeitsvoraussetzung *sinnvoller* menschlicher Existenz ist".[4] Die praktische Bedeutung des Naturrechts im römischen Recht und in der Rechtsentwicklung Europas wird noch gesondert darzustellen sein. Ich möchte in diesem Kapitel drei konkrete Beispiele anführen, die in besonders eindruckvoller Weise das praktische Wissen um Naturrecht und damit seine historische Wirklichkeit veranschaulichen. Die schon von Aristoteles und auch von Welzel hervorgehobene Bedeutung der Antigone hat mich dazu veranlasst, ihr Beispiel für die praktische Bedeutung des Naturrechts als erstes anzuführen.

## I. Zum Beispiel der Antigone von Sophokles (496–406 v. Chr.)

Zunächst kurz zum Sachverhalt: Die Brüder der Antigone haben offenbar im Auftrag des Königs Kreon „Im Wechselmord sich ein gemeinsam Todeslos" (v. 56) geschaffen. Hinsichtlich ihres Bruders Polyneikes verkündete der König als zusätzliche Strafe das Verbot, ihn zu beerdigen. Er soll „grablos, ein Mahl den Vögeln" (v. 29 f.) sein. Der König selbst sagt: „Nein, unbestattet lieg' er, zur Verstümmelung, / Zum Fraß für Hund' und Vögel, grau'nvoll anzusehen" (v. 205 f.).

Antigone offenbart ihrer Schwester Ismene, dass sie vorhat ihren Bruder dennoch zu bestatten. Diese antwortet: „Tollkühne, während Kreons Wort es dir verwehrt?" Antigone antwortet: „Fernhalten darf mich dieser nie von meiner Pflicht" (v. 47 f.). Die Schwester versucht sie von ihrem Vorhaben im Hinblick auf die voraussehbaren tödlichen Folgen abzubringen. Antigone antwortet:

„Doch lasse mich und meines Sinnes Unverstand
Dies Grauenvolle dulden. Was ich Schweres auch
Erleiden möge, bleibt mir doch ein schöner Tod"
(v. 95–97).

Antigone hält sich nicht an das Verbot des Königs und be-
stattet Polyneikes symbolisch. Wächter beobachten dies, einer führt Antigone zum König und meldet ihm, was vorge-
fallen ist. Der König wendet sich an Antigone mit der Frage:
„Bekennst du oder leugnest du die Missetat?" Antigone antwortet: „Ich tat es, ich bekenn' es und verleugn' es nicht" (v.
440 f.). Als Antigone auf Frage des Königs bestätigt, dass
ihr das Verbot bekannt war, sagt der König: „Und wagtest
dennoch wider mein Gebot zu tun?" Hierauf kommt die
entscheidende Aussage der Antigone:

„War es doch Zeus nicht, welcher dies verkünden ließ,
Noch hat auch Dike, die der Unterwelt gesellt
Ist, je gegeben solch Gesetz den Sterblichen.
Auch nicht so mächtig achtet' ich, was du befahlst,
Daß dir der Götter ungeschribnes, ewiges
Gesetz sich beugen müßte, der du sterblich bist.
Denn heute nicht und gestern erst, nein, alle Zeit
Lebt dies, und niemand wurde kund, seit wann es ist.
Für dieses wollt' ich nicht dereinst aus feiger Furcht
Vor Menschensatzung mir der Götter Strafgericht
zuziehen"
(v. 448–458).[5]

Was das Alter und die Geltung dieses Gesetzes betrifft,
so hat besonders Cicero ganz Ähnliches zum Ausdruck
gebracht, auf das ich noch näher eingehen muss. Für das
Gesetz selbst ist das Zeugnis der Antigone wahrhaftig eindrucksvoll.

## II. Das Beispiel des Camillus bei der Belagerung von Falerii 394 v. Chr.

Ein bemerkenswertes Beispiel für die praktische Wirkung des Naturrechts findet sich bei Livius in seiner Beschreibung des Verhaltens des Camillus gegenüber den Faliskern bei der Belagerung von Falerii. Unter den damaligen Verhältnissen war die Belagerung für die Römer besonders schwierig. Es war vorauszusehen, dass sie lange dauern und am Ende eine verlustreiche Stürmung der Stadt erfordern würde.

In der von den Römern belagerten Stadt waren einem Mann, der „Kinder der angesehensten Familien unterrichtete", diese anvertraut worden. Durch eine List führte er diese Kinder aus dem Stadttor in das römische Lager zu Camillus und erklärte: „Er habe Falerii den Römern in die Hand gespielt, da er diese Jungen, deren Väter dort die wichtigsten Leute im Staat seien, in ihre Gewalt gegeben habe". Er erwartete sich offenbar reiche Belohnung von den Römern dafür, dass er ihnen die Möglichkeit gab, die Übergabe der Stadt durch diese Geiseln zu erpressen. Die Reaktion des Camillus war jedoch eine andere. Er antwortete: „Du bist nicht zu einem dir ähnlichen Volk und Feldherrn gekommen, du Schurke mit deinem schändlichen Geschenk. Wir haben mit den Faliskern keine Gemeinschaft, wie sie aus Abkommen zwischen Menschen zustande kommt; aber die Gemeinschaft, die die Natur beiden Völkern mitgegeben hat, besteht und wird bestehen".[6] Camillus hat diesem „schändlichen Geschenk" dann die gebührende Antwort erteilt. „Völlig entblößt, die Hände auf den Rücken gebunden, übergab er ihn … den Jungen, damit sie ihn nach Falerii zurückführten".[7] Ob nun der Bericht des Livius historisch ganz korrekt ist oder nicht, so belegt er jedenfalls das gleiche Bewusstsein, wie es bei Aristoteles und Cato Censorius und vielen anderen bezeugt ist, dass es nämlich unter keinen Umständen erlaubt ist, etwas zu tun, was vom Naturrecht verboten ist. Für Camillus hätte das den enormen Vorteil der Möglichkeit zur Erpressung und damit voraussichtlich kampflosen Übergabe der Stadt geboten. Nach dem Bericht des Livius hat ihm aber gerade seine Redlichkeit den gleichen Vorteil ohne die Schändlichkeit gebracht. Livius berichtet ausführlich, welche Gefühle diese Haltung des Camillus bei den Faliskern auslöste. Der vorher erbitterte Hass gegen die Römer, der zu einer ebenso erbitterten Verteidigung der Stadt führte, ist umgeschlagen. Die Falisker haben die Stadt den Römern geöffnet und sie ihnen übergeben. Eine Gesandtschaft der Falisker hat im Senat folgendes gesagt: „Der Ausgang dieses Krieges liefert dem Menschengeschlecht zwei heilsame Beispiele: Ihr habt Redlichkeit im Kriege einem sofortigen Sieg vorgezogen; wir, durch eure Redlichkeit herausgefordert, haben euch den Sieg freiwillig zuerkannt".[8]

Ganz unabhängig von der Frage, wie genau historisch dieser Bericht ist, zeigt er jedenfalls klar das Bewusstsein, dass es ein natürliches Recht gibt, das auch im Krieg gilt, und dass verbrecherische Erpressung auch in einer Situation, in der sie großen Nutzen bringen könnte, wegen ihrer Naturrechtswidrigkeit nicht in Frage kommt. Was Livius als „dem Menschengeschlecht ... heilsame Beispiele" hervorhebt, hat Cicero in der Aussage zusammengefasst, dass es das Naturrecht selbst ist, welches das Wohl der Menschen bewahrt und umfasst.[9]

Cicero hat sich auch besonders um die Klärung der Frage des gerechten Krieges bemüht. Dabei hebt er die Bedeutung der Priesterschaft der Fetialen hervor, die in der römischen Republik für den völkerrechtlichen Verkehr zuständig waren: „Und Gerechtigkeit im Krieg ist aufs unverletzlichste durch das Fetialrecht des römischen Volkes niedergeschrieben worden. Daraus läßt sich ersehen, daß kein Krieg gerecht ist außer dem, der ... geführt wird, nachdem man Genugtuung (für ein Unrecht) gefordert hat" (off. 1,36) und diese verweigert wurde. Wie Aussagen der Juristen Cassius und Florentinus zeigen (Kap. 4 II), wurde das Recht auf Selbstverteidigung gegen (rechtswidrige) Gewaltanwendung ausdrücklich auf das Naturrecht zurückgeführt.

## III. Das Beispiel des Juristen Cato Censorius das Naturrecht betreffend

Das Beispiel des Juristen Cato Censorius (234–149 v. Chr.) steht im Zusammenhang mit der damaligen politischen Lage von Rhodos in seinem Verhältnis zu Rom. Wie Gellius (6, 3) ausführlich berichtet, war Rhodos damals einerseits mit Rom befreundet und verbündet, unterhielt aber andererseits freundschaftliche Beziehungen mit dem König von Mazedonien. Mit diesem aber stand Rom im Krieg. Es wurde gemunkelt, dass Rhodos sich auf die Seite des Königs von Mazedonien schlagen wolle, aber es geschahen keine diesbezüglichen Schritte. Als dann Perseus besiegt und von den Römern gefangen wurde, waren die Rhodier sehr beunruhigt und sandten eine Gesandtschaft nach Rom, die in den Senat eingelassen wurde. Die Gesandten haben, nachdem sie ihre Sache demütig bittend vorgetragen hatten, den Senat wieder verlassen (Gell. 6, 3, 1–6). Darauf wurde im Senat beraten, wie man auf die bekannt gewordene Absicht der Rhodier, sich Perseus anzuschließen, reagieren solle. In dieser Situation hielt Cato eine berühmt gewordene Rede für die Rhodier. Wie Gellius ausführlich berichtet, hat Ciceros Freigelassener Tiro diese von Cato in seiner verlorenen Schrift *Originis* publizierte Rede kritisiert. Gellius seinerseits verteidigt Cato in seiner Auffassung, dass man jemand, der etwas nur gewollt hat, es aber nicht getan hat, deswegen nicht bestrafen darf. Die detaillierten Ausführungen (Gell. 6, 3, 7–43) brauchen hier nicht erörtert zu werden. Die Verteidigung des Cato durch Gellius (ab 6, 3, 44) enthält dann (in 6, 3, 45–47) die für das Naturrecht entscheidende Aussage. Wie Gellius berichtet, hat Cato zunächst jene Dinge angesprochen, die nicht durch Naturrecht oder Völkergemeinrecht verboten sind, sondern nur durch staatliches Gesetz zur Regelung bestimmter Dinge, wie es etwa bei der Begrenzung der Anzahl von Vieh oder des Ausmaßes des Ackers ist. Was in diesen Dingen in solcher Weise zu tun verboten ist, ist nach den Gesetzen nicht erlaubt; es aber zu wollen, falls es nicht zu tun verboten wäre, ist nicht sittenwidrig. Dann aber hat er allmählich zum Vergleich Sachen zusammengetragen, bei denen es weder zu tun noch zu wollen sittlich ist. Wie sich aus dem Kontext eindeutig ergibt, sind das die Sachen, die zu tun naturrechtlich verboten ist. Diese Aussagen Catos entsprechen genau dem, was Aritoteles über das Verhältnis des Naturrechts zum Gesetzesrecht sagt: „Das Polisrecht ist teils Natur-, teils Gesetzesrecht. Das Naturrecht hat überall dieselbe Kraft der Geltung und ist unabhängig von Zustimmung oder Nicht-Zustimmung (der Menschen). Bei Gesetzesrecht ist es ursprünglich ohne Bedeutung, ob die Bestimmungen so oder anders getroffen werden, wenn es aber festgelegt ist, dann ist es verbindlich".[10]

Von einer anderen Seite wird dieses Wissen noch unterstrichen, wenn Aristoteles darauf hinweist, dass die Epikie, die Dirlmeier[11] mit „Güte in der Gerechtigkeit" übersetzt, nicht zu einer Korrektur des Naturrechts herangezogen werden kann, auf dem sie beruht:

„Danach muß man über die Güte in der Gerechtigkeit eine Untersuchung anstellen, was sie ist, in welchen Situationen sie vorkommt und welches ihre Objekte sind. Es ist aber die Güte in der Gerechtigkeit und der Gütig-Gerechte der Mann, der von Natur dazu neigt, das strenge Gesetzesrecht zu mildern. Was nämlich der Gesetzgeber außerstande ist Fall für Fall genau festzulegen, sondern was er allgemein faßt – wer in diesen Fällen nachgibt und das für sich wählt, was der Gesetzgeber zwar durch Einzelbestimmung festlegen wollte, aber nicht konnte, der ist gütig-gerecht (vgl. Cels. D. 1, 3, 18: ‚Gesetze sind so wohlwollend auszulegen, daß ihr Wille gewahrt bleibt'). Er neigt aber nicht schlechthin einfach dazu, das strenge Recht zu mildern. Denn an dem, was von Natur und in Wahrheit Recht ist, versucht er keine Milderung, sondern an dem gesetzlich Festgelegten, das der Gesetzgeber, da er sich außerstande sah, unvollständig lassen mußte" (Aristot. m. mor. 2, 1; 1198 b 25–33).

Auch strenge Bestimmungen des Naturrechts unterliegen demnach keiner „Milderung" durch „Güte in der Gerechtigkeit" und somit keiner Korrektur.

Viertes Kapitel

# Römisches Recht und europäische Rechtsentwicklung

Für die Entwicklung des römischen Rechts hat die Arbeit der römischen Juristen vor allem seit dem 2. Jahrhundert v. Chr. größte Bedeutung erlangt. Um das zu verstehen, muss man wissen, dass im römischen Recht nur wenige Materien durch Gesetze geregelt waren. Die Lösung nicht geregelter Fragen erfolgte einerseits durch die für die Rechtspflege zuständigen Höchstmagistrate, die Prätoren, andererseits durch die Gutachten von Juristen, die zu konkreten Rechtsfragen abgegeben wurden. Bei der Entscheidung konkreter Rechtsfälle haben die Juristen seit dem 2. Jahrhundert v. Chr. nachweislich auch Naturrecht angewandt. Dadurch wurden naturrechtliche Normen in immer größerem Umfang zu geschriebenem Recht.

Ich möchte im Folgenden zunächst 1. einige allgemeine Aussagen römischer Juristen über das Naturrecht aufzeigen, 2. Beispiele für die praktische Anwendung naturrechtlicher Normen durch römische Juristen vorführen, 3. beschreiben, welche Bedeutung die Erkenntnisse der römischen Juristen für die Rechtsentwicklung Europas tatsächlich gehabt haben und schließlich 4. kurz auf das Naturrecht als Grundlage der Menschenrechte eingehen.

## I. Allgemeine Aussagen von römischen Juristen über Naturrecht

Ein zentraler Text ist von der Kommission, die unter Kaiser Justinian eine Sammlung aus den Juristenschriften herzustellen hatte, an die Spitze dieser Sammlung, der Digesten (D.), gestellt worden. Mit diesem Werk wurde uns der Großteil unserer Kenntnis der Arbeit der römischen Rechtswissenschaft überliefert. Dieses Werk hat nach seiner Wiederentdeckung im Mittelalter zur Gründung der Universität Bologna geführt und in der Folgezeit die gesamte Entwicklung der europäischen Rechtskultur maßgeblich geprägt.

Der Text, den ich meine, ist Ulpian D. 1, 1, 1, 2. Die Bedeutung des Naturrechts im römischen Recht wird schon dadurch unmittelbar klar, dass Ulpian hier das Naturrecht als die erste Quelle des Privatrechts anführt. Daneben stellt er als zweite Quelle jenes Recht, von dem die Römer annahmen, dass es bei allen Völkern gilt. Sie nannten es daher *ius gentium*. Das eigentliche römische Privatrecht nennt er erst an dritter Stelle. Die Römer nannten es *ius civile*. In der neuen Digestenübersetzung lautet der Text im Zusammenhang: „Das Privatrecht besteht aus drei Teilen. Denn es setzt sich aus Vorschriften des Naturrechts, des Völkergemeinrechts und des Zivilrechts zusammen".[1] Im anschließenden § 3 erklärt Ulpian dann zuerst das Naturrecht und sagt wörtlich: „Naturrecht ist das, was die Natur alle Lebewesen gelehrt hat". Diese Definition hat Anlass zu vielen Kontroversen zur Frage der Echtheit des Textes[2] ebenso wie zum Inhalt gegeben. Die Tatsache, dass Ulpian hier auch die Tiere als Teilhaber am Naturrecht bezeichnet, hat ihre Vorbilder in der griechischen Philosophie, auf die ich hier nicht näher eingehen kann. In unserem Zusammenhang wichtig ist jedoch die Aussage Ulpians, dass auch das Zivilrecht keineswegs ganz außerhalb des Naturrechts steht. „Das Zivilrecht ist das Recht, das weder vom Naturrecht oder Völkergemeinrecht völlig abweicht noch beiden in allen Punkten folgt. Wenn wir daher jenem allgemeinen Recht eine Regelung hinzufügen oder wegnehmen, schaffen wir dadurch ein besonderes Recht, nämlich unser Zivilrecht"(D. 1, 1, 6 pr.). Damit wird klar, dass auch das Zivilrecht nicht einfach durch gesetzgeberische Willkür aus dem Nichts geschaffen

wird, sondern die Existenz der beiden anderen Normen-
ordnungen, nämlich Naturrecht und Völkergemeinrecht,
bereits voraussetzt. Das Zivilrecht ist nach dieser Aussage
lediglich eine Modifikation des vorgegebenen allgemeinen
Rechts *(ius commune)*, das Ulpian hier bereits mit diesem
Terminus bezeichnet. Das europäische *ius commune* seit
dem Mittelalter hat diesen Begriff in seinen Quellen vorge-
funden. Um ein Beispiel für das Verhältnis des Zivilrechts
zum allgemeinen Recht zu geben: Nach *ius gentium* oder
*ius naturale* konnte Eigentum durch den Willen des Eigentümers und Übergabe der Sache in Verbindung mit einem
Rechtsgrund, wie etwa Schenkung oder Kaufvertrag, auf
einen anderen übertragen werden. Das Zivilrecht hat jedoch für bestimmte Sachen, Grundstücke, Großvieh und
Sklaven, die als *res mancipi* bezeichnet wurden, besondere
Formerfordernisse hinzugefügt.

So einfach und klar diese Aussagen Ulpians und anderer Juristen sind, wie etwa des Paulus (in D. 1, 1, 11), der
als Naturrecht jenes Recht bezeichnet, das immer gerecht
und gut ist, so haben verschiedene Theorien gleichwohl
die Möglichkeit der Existenz eines Naturrechts einfach
bestritten. Versucht man die heutige Diskussion der Na-
turrechtsfrage zu überblicken, so kann man von der Ver-
schiedenheit und Gegensätzlichkeit der Auffassungen tatsächlich nur verwirrt sein. Aber das ist nicht neu. Bereits
Cicero hat einen sehr beachtlichen erkenntnistheoretischen
Exkurs in seinem Werk über die Gesetze formuliert, den
ich bereits oben kurz erwähnt habe.[3] Wegen seiner Wichtigkeit möchte ich ihn hier ganz wiedergeben.

Cicero schreibt: „Aber es bringt uns die Vielgestaltig-
keit der Meinungen und der Menschen Uneinigkeit in
Verwirrung, und weil dasselbe nicht bei den Sinneswerk-
zeugen eintritt, halten wir diese für sicher; von jenem, das
den einen so, anderen anders und denselben Leuten nicht
immer auf die gleiche Weise erscheint, sagen wir, es sei
bloß ausgedacht.[4] Das verhält sich (jedoch) ganz anders:
denn unsere Sinneswerkzeuge verderben kein Vater, keine

Amme, kein Lehrer, kein Dichter, keine Bühne; keine Einigkeit (oder eher: keine Zustimmung) der Masse zieht sie von der Wahrheit ab. Den Seelen (aber) werden alle Fallen gestellt, entweder von denen, die ich eben aufzählte, die sie vergiften und nach ihrem Willen verbiegen, wenn sie sie zart und unerfahren in die Hand bekommen haben, oder von ihr, die tief allen Sinnen verflochten innewohnt, nämlich die Vortäuscherin des Guten, die Lust, in Wirklichkeit die Mutter aller Übel; durch ihre Verlockungen verdorben, sehen sie das von Natur aus Gute nicht klar, weil es diese Süßigkeit und diesen Reiz nicht besitzt" (leg. 1, 47).

Dieser Exkurs steht im Zusammenhang mit der Frage, nach welchen Kriterien ein Gesetz als gut oder schlecht beurteilt werden kann (1, 42 ff.). Cicero sagt dazu, dass man ein gutes Gesetz von einem schlechten nach keiner anderen Norm als jener der Natur *(naturae norma)* unterscheiden kann (1, 44). Weil aber nun gerade darüber, was Norm der Natur sei, so verschiedene oder gegensätzliche Auffassungen bestehen, meine man, die Norm der Natur sei in Wahrheit ein Phantasiegebilde *(ficta)*. Das wird im Gegensatz zu den Gegenständen der sinnlichen Wahrnehmung gesehen, bei der es diese Meinungsverschiedenheiten nicht gebe und die deswegen für sicher gehalten werden. Die weiteren Aussagen Ciceros enthalten in klassischer Kürze eine Reihe von Erklärungen dafür, warum es zu einer solchen Meinungsverschiedenheit kommen kann und auch tatsächlich kommt. Darauf kann ich hier nicht näher eingehen. Eines aber kann ich und muss ich bereits hier feststellen: Weder die verschiedenen Ansätze der Kritik an bestehenden Naturrechtskonzeptionen noch die Versuche der Begründung des Naturrechts können die bereits in der Antike erarbeiteten Erkenntnisgrundlagen einfach ignorieren. Sie sind durch keine der neuen Theorien gegenstandslos gemacht. Die Aussage etwa, hinter Kant führe kein Weg zurück, ist ebenso unhaltbar wie vieles andere auch. Kant vermochte nicht die unendliche Fülle wahrer Erkenntnisse seit der Antike einfach in nichts aufzulösen.

In der ganzen vorausgehenden Tradition, wie Cicero und Ulpian es ausdrücken, der wahren Philosophie,[5] wurde das Naturrecht als Realität erkannt. Ich möchte hier nur einen wichtigen Text Ciceros sprechen lassen.

„Das wahre Gesetz ist gewiß die richtige, mit der Natur im Einklang stehende Ordnung, die über alle ausgebreitet, unwandelbar und ewig ist.[6] Diesem Gesetz etwas von seiner Gültigkeit zu nehmen, ist Frevel, ihm irgendetwas abzudingen, unmöglich, und es kann ebensowenig als Ganzes außer Kraft gesetzt werden. Wir können aber auch nicht durch den Senat oder das Volk von diesem Gesetz gelöst werden, … noch wird in Rom ein anderes Gesetz sein, ein anderes in Athen, ein anderes jetzt, ein anderes später, sondern alle Völker[7] wird zu allen Zeiten ein einziges, ewiges und unveränderliches Gesetz umschließen *(continebit)* und einer wird der gemeinsame Meister gleichsam und Herrscher aller sein: Gott! Er ist der Erfinder dieses Gesetzes, sein Schiedsrichter, sein … <Gesetzgeber>[8], wer ihm nicht gehorcht, wird sich selber fliehen und das Wesen des Menschen verleugnend wird er gerade dadurch die schwersten Strafen büßen, auch wenn er den übrigen Strafen, die man dafür hält, entgeht[9]" (rep. 3, 33).

Dieser Text bedürfte eingehender Würdigung. Hier kann ich nur sagen, dass die römischen Juristen an alle diese Erkenntnisse, die Cicero besonders in seinem Werk über „Die Gesetze" *(De legibus)* ausführlicher ausbreitet, anknüpfen konnten. Sie brauchten daher nicht über Naturrecht zu theoretisieren. Sie konnten von den schon der Vernunft einleuchtenden Rechten ausgehen. Dies hat inzwischen der große Romanist Max Kaser, zweifellos einer der besten Kenner der Quellen, in seiner Schrift „Zur Methode der römischen Rechtsfindung" eindrucksvoll im Einzelnen aufgezeigt. Er gelangt zu der wohlbegründeten Erkenntnis, dass nach „den Eindrücken, die die juristische Überlieferung zuverlässig vermittelt", bei der Rechtsfindung der römischen Juristen „die Gewinnung der richtigen Entscheidung durch ein unmittelbares Erfassen" im

Vordergrund stand. Kaser selbst verwendet für dieses unmittelbare Erfassen den Ausdruck „*Intuition*".[10] Dies ist jenes Erkenntnismittel, das besonders seit Aristoteles als eine der wesentlichen Methoden philosophischen Erkennens klargestellt ist. In der Nikomachischen Ethik wird, wie Dirlmeier übersetzt, folgende „Methodendifferenzierung" eingeführt: „Von den Grundgegebenheiten werden die einen durch Induktion erkannt, die anderen durch Intuition, die dritten durch eine Art von Gewöhnung und andere wiederum auf andere Weise" (1, 7; 1098 b 3 f.). Wenn man die Werke von Aristoteles studiert, besonders die Metaphysik, dann wird klar, dass es für die geistigen Grundgegebenheiten keinen anderen Weg der Erkenntnis gibt als unmittelbares Erfassen, das Aristoteles selbst ständig praktiziert. Zur Einsicht in den Satz vom Widerspruch (metaph. 4, 3; 1005 b 19 f.) sagt er daher, wie bereits oben (Kap. 2, Anm. 13) erwähnt: „Einige nun wollen das auch aus Mangel an philosophischer Bildung beweisen; denn ein solcher Mangel ist es, wenn man nicht weiß, wofür man einen Beweis zu fordern hat und wofür nicht. Denn es ist ganz unmöglich, daß es für alles ohne Ausnahme einen Beweis gibt; denn es ginge ins Unendliche, so daß auch so kein Beweis zustande käme" (metaph. 4, 4; 1006 a 5–11).

Bei der Darstellung des Naturrechts im römischen Recht geht es daher schlicht und einfach darum, eine sich in der historischen Wirklichkeit entfaltende „Naturrechtspraxis" an Hand der Realität des römischen Rechts darzustellen. Diese „Naturrechtspraxis" ist dadurch gekennzeichnet, dass allgemeine Aussagen über Naturrecht ebenso selbstverständlich von dessen Existenz und Erkennbarkeit ausgehen wie die Anwendung im Einzelfall. Eine theoretische Diskussion mit den von Cicero beklagten Meinungsverschiedenheiten ist bei den römischen Juristen nicht feststellbar. Vor allem aus der Periode der klassischen römischen Rechtswissenschaft, die sich seit der Mitte des 1. Jahrhunderts v. Chr. bis zur Mitte des 3. Jahrhunderts n. Chr. entwickelte, sind mehr oder minder umfangreiche

Fragmente von immerhin fast 100 Juristen überliefert. Es gibt zahlreiche Meinungsverschiedenheiten in Einzelfragen, aber nicht in Grundfragen des Naturrechts. Die unterschiedlichen Meinungen in Einzelfragen wieder bewegen sich durchwegs im Rahmen möglicher Alternativen. Man muss sich dabei vergegenwärtigen, was bereits Aristoteles in seiner Nikomachischen Ethik mehrfach betont, dass nicht in jeder Wissenschaft das gleiche Maß an Genauigkeit möglich ist. Er sagt gleich am Anfang der Nikomachischen Ethik: „der logisch geschulte Hörer wird nur insoweit Genauigkeit auf dem einzelnen Gebiet verlangen, als es die Natur des Gegenstandes zuläßt".[11] Alfred Verdross hat mit Recht dazu festgestellt: „Diese Einsicht darf uns nicht zu dem falschen Schluß verleiten, daß eine rationale Lösung solcher Probleme unmöglich sei, wie oft behauptet wird, wenngleich nicht bestritten werden soll, daß bisweilen mehrere gleichwertige Lösungen gefunden werden können. Denn auch in diesen Fällen handelt es sich um *rationale* Entscheidungen und nicht um willkürliche Dezisionen eines Machthabers".[12] Auf der Grundlage der Erkenntnisse der römischen Juristen konnte auch das österreichische Allgemeine Bürgerliche Gesetzbuch in dem noch heute geltenden § 16 davon ausgehen, dass die natürlichen Rechte des Menschen „schon durch die Vernunft einleuchten".[13] Das bis 1974 geltende österreichische Strafgesetz enthielt mit § 233 folgende Bestimmung: „Die in diesem Teile des Strafgesetzes vorkommenden Vergehen und Übertretungen sind insgesamt Handlungen oder Unterlassungen, die jeder als unerlaubt von selbst erkennen kann." Die Überschrift des Paragraphen lautet: „Die Unkenntnis dieses Gesetzes entschuldigt nicht". Auch im neuen Strafgesetzbuch von 1974 ist im § 9 Abs. 2 bestimmt: „Der Rechtsirrtum ist dann vorzuwerfen, wenn das Unrecht für den Täter wie für jedermann leicht erkennbar war". Dies alles setzt voraus, dass es in der Tat „schon durch die Vernunft einleuchtende Rechte" gibt und dass der Mensch auch fähig ist, sie zu erkennen. Man kann sich jedoch auch gegen dieses „Einleuchten" verschließen. Die heutige Wissenschaftstheorie hat die Grenzen dessen, was sie als Wissenschaft anerkennt, eng gezogen.[14] Gerade gegen diese „selbstverfügte Beschränkung der Vernunft" hat sich Papst Benedikt XVI. in seiner wichtigen Vorlesung in Regensburg am 12. September 2006 gewandt. Er betont die „Verantwortung für den rechten Gebrauch der Vernunft".[15]

Als Mitglied des Consiglio Direttivo der Päpstlichen Akademie für das Leben konnte ich bewirken, dass für die 8. Vollversammlung vom Februar 2002 das Thema Naturrecht vorgesehen wurde. Bei der Vorbereitung gab es dann ziemlich heftige Auseinandersetzungen, weil einer der eingeladenen Referenten, ein italienischer Professor für Moraltheologie und Jesuit namens Muratore, es mit allen Mitteln verhindern wollte, dass im Thema der Vollversammlung das Wort Naturrecht vorkommt und es auch verhindern konnte. Das Thema wurde dann so formuliert: "The Nature and Dignity of the Human Person as the Foundation of the Right to Life". Ich habe damals über die „Fähigkeit des menschlichen Geistes Naturrecht zu erkennen" gesprochen. Weil mir der Text von Muratore bekannt war, der die Position eines relativistischen Positivismus vertrat, für den es überhaupt keine Wahrheitserkennntnis gibt, habe ich im Hinblick auf den nach meinem Vortrag folgenden Vortrag von Muratore zu meinem vorausgeschickt: Wenn das, was Prof. Muratore sagen wird, wahr wäre, müsste ich meinen Text in den Papierkorb werfen. Zunächst verstanden die Teilnehmer an der Versammlung diese meine Feststellung nicht, aber nach dem Vortrag von Muratore kamen viele zu mir und erklärten, jetzt verstünden sie, was ich gesagt habe. Das Ende war, dass die Glaubenskongregation die Veröffentlichung von Muratores Text in den Akten der 8. Vollversammlung nicht erlaubt hat. Mit großer Dankbarkeit darf ich sagen, dass Papst Johannes Paul II. in seiner Ansprache an die Teilnehmer an der 8. Vollversammlung der Päpstlichen Akademie für das Leben am 27. Februar 2002 gesagt hat: „Daher müssen wir uns um neue Erkenntnisse bemühen, um die anthropologische und ethische Bedeutung des Naturgesetzes und des mit ihm verbundenen Begriffs des Naturrechts von Grund auf in all seiner Tiefe neu zu erfassen" (Nr. 2 Abs. 5). Weiter sagt Johannes Paul II.: „Die vernunftbegabte menschliche Person ist in der Lage, sowohl diese tiefe Würde des eigenen Seins zu erkennen als auch die sich daraus ergebenden ethischen Erfordernisse. Mit anderen Worten: *Der Mensch kann an sich selbst den Wert und die moralischen Anforderungen der eigenen Würde ablesen.* Und diese Erkenntnis ist eine Entdeckung, die entsprechend den die menschliche Erkenntnis kennzeichnenden Koordinaten der ‚Historizität' stets verbesserungsfähig ist" (Nr. 3 Abs. 4). Im anschließenden Abs. 5 heißt es: „Hierum geht es, wie ich in meiner Enzyklika *Veritatis splendor* im Hinblick auf das natürliche Sittengesetz hervorgehoben habe, und, gemäß den Worten des hl. Thomas von Aquin, ist es ‚nichts anderes als das von Gott uns eingegossene Licht des Verstandes. Dank seiner wissen wir, was man tun und was man meiden soll. Dieses Licht und dieses Gesetz hat uns Gott bei der Erschaffung geschenkt' (Nr. 40; vgl. auch *Katechismus der Katholischen Kirche,* 1954–1955)." Wie die Geschichte seit der Antike zeigt, hatten die Menschen dieses Licht des Verstehens bereits bevor sie das Licht der christlichen Offenbarung hatten. Daher können wir, die wir uns des Lichtes der Offenbarung erfreuen, umso mehr der Ermutigung des Papstes zu der bewussten Anstrengung folgen, die zum Naturrecht zurückkehrt.

## II. Praktische Anwendungen naturrechtlicher Normen durch die römischen Juristen

Die Klärung der Frage, wie weit römische Juristen naturrechtliche Normen praktisch angewandt haben, ist dadurch erschwert, dass die römischen Juristen keinen besonderen Wert auf eine einheitliche Terminologie gelegt haben. Faktisch naturrechtliche Überlegungen treten daher nicht nur im Zusammenhang mit dem Terminus *ius naturale* auf, sondern auch in Überlegungen zum *ius gentium,* zur *naturalis aequitas* oder *ratio* und in vielen anderen Zusammenhängen, selbst dann, wenn der Text keine Verbindung auch nur zu irgendeinem der mit dem Naturrecht in Beziehung stehenden Begriffe zeigt. Aber es gibt immerhin eine ganze Anzahl von Texten, in denen ausdrücklich auf das *ius naturale* Bezug genommen wird. Die Frage der Echtheit dieser Bezugnahmen brauche ich hier nicht zu erörtern. Wie bereits erwähnt, ließ sich zeigen, dass die Behauptung, alle diese Bezugnahmen auf *ius naturale* seien nachklassische oder justinianische Interpolationen, durch die nachweislich aus nachklassischer und justinianischer Zeit stammenden Texte klar widerlegt wird.[16] Dazu kommt, dass in den Institutionen des Gaius, die als einziges Werk eines klassischen römischen Juristen relativ vollständig unabhängig von Justinians Kodifikation erhalten sind, *ius naturale* mehrfach belegt ist.

So stellt etwa Gaius der agnatischen Verwandtschaft des Zivilrechts die kognatische oder Blutsverwandtschaft des Naturrechts gegenüber. Agnatisch verwandt waren diejenigen, die gemeinsam unter einer väterlichen Gewalt standen oder noch stehen würden, wenn der gemeinsame Vater noch lebte (inst. 1, 156). Dieses Stehen unter väterlicher Gewalt oder unter einer anderen Rechtsbeziehung, wie etwa die Ehefrau in einer bestimmten Form der Ehe, bezeichnen die Römer als *status.* Weiter sagt Gaius: „Das Recht der agnatischen Verwandtschaft wird durch Statusveränderung aufgehoben, das Recht der Blutsverwandschaft wird jedoch auf diese Weise nicht verändert, weil die zivile Regel zwar zivile Rechte aufheben kann, natürliche dagegen nicht" (inst. 1, 158). Damit stellt der hochklassische Jurist Gaius klar, dass Bestimmungen des Zivilrechts an den nach Naturrecht gegebenen Rechten nichts ändern können. Dies gilt auch für die naturrechtlichen Verwandtschaftsbeziehungen zwischen Sklaven. Obwohl zwischen Sklaven nach Zivilrecht keinerlei Verwandtschaftsbeziehungen bestehen konnten, weil ihnen nach Zivilrecht die Rechtsfähigkeit fehlte, waren doch ihre verwandtschaftlichen Beziehungen nach Naturrecht zu beachten. So sagt Paulus im Zusammenhang mit den Ehevoraussetzungen: „Auch die Blutsverwandschaft unter Sklaven ist in diesem Rechtsgebiet zu beachten". Demnach darf nach der Freilassung der Sohn nicht mit seiner Mutter, der Vater nicht mit seiner Tochter eine Ehe schließen. Paulus fügt als Begründung an: „weil für die Regelungen über die Eingehung der Ehe auch auf das Naturrecht und das Schamgefühl Rücksicht zu nehmen ist" (D. 23, 2, 14, 2; „Schamgefühl" ist in der Übersetzung zwar nicht falsch, das, worum es geht, ist aber wohl eher das „sittliche Gefühl"). Heute glaubt man, auch die Ehe ohne jede Rücksicht auf das Naturrecht beliebig und naturrechtswidrig definieren zu können.[17]

Ganz allgemein stellt Ulpian fest, dass naturrechtlich alle Menschen frei geboren wurden (D. 1, 1, 4) und alle Menschen gleich sind: Was das Zivilrecht betrifft, haben Sklaven keine Rechtsfähigkeit, nicht jedoch nach Naturrecht, denn was das Naturrecht angeht, sind alle Menschen gleich (D. 50, 17, 32). Dass in der Antike daraus nicht die entsprechenden Folgerungen durch Beseitigung der Sklaverei gezogen werden konnten, ist eine der tragischen Erscheinungen der Menschheitsgeschichte. Wo aus welchen Gründen auch immer entstandene allgemeine Bräuche, wie in der Einrichtung der Sklaverei, sich allgemein durchgesetzt haben oder übermächtige egoistische Interessen die Verwirklichung erkannten Rechtes verhindern, steht das Recht auch heute dem politischen Willen machtlos gegenüber. Da helfen auch moderne kodifizierte Menschenrechte nichts. Wenn es die Mehrheit will, ist auch das menschliche Leben, trotz der Bestimmungen des Art. 2 der Europäischen Menschenrechtskonvention (EMRK), nicht geschützt. Tatsächlich haben ja Mehrheiten bereits in der ganzen Welt unerwünschtem menschlichem Leben den Rechtsschutz entzogen und es praktisch beliebiger Tötung preisgegeben.[18] Darauf werde ich noch näher eingehen.

Hinsichtlich der Sklaverei im römischen Recht ist jedoch aus der Erkenntnis, dass nach Naturrecht ursprünglich alle Menschen frei geboren wurden, immerhin eine bemerkenswerte rechtliche Konsequenz gezogen worden, nämlich die Möglichkeit der Wiedereinsetzung in jene Geburtsrechte, die nach Naturrecht allen Menschen zustanden *(natalibus restitutio)*. Sie konnte vom Kaiser gewährt werden und gab dem freigelassenen Sklaven gegen das positive Recht das naturrechtlich begründete Recht eines Freigeborenen zurück (Marcian. D. 40, 11, 2). Sie ist in ihrer prinzipiellen Bedeutung nicht hoch genug einzuschätzen.

Was nun weitere praktische Anwendungen des Naturrechts betrifft, so ist vor allem ein Text Ulpians hervorzuheben, in dem unter Berufung auf den frühklassischen Juristen Cassius das Recht, (rechtswidrige) Gewaltanwendung *(vis)* mit (angemessener) Gewalt abzuwehren, auf das Naturrecht zurückgeführt wird. Cassius schreibt, dass es erlaubt ist, Gewalt mit Gewalt zurückzuschlagen, und dieses Recht ist von der Natur bereitet (D. 43, 16, 1, 27). Florentinus sagt dazu: „Denn nach diesem Recht (gemeint ist das *ius gentium*) wird alles, was man zum Schutze seiner Person tut, als rechtmäßig angesehen. Und da die Natur unter uns so etwas wie eine Verwandtschaft begründet hat, folgt daraus, daß es frevelhaft ist, wenn ein Mensch dem anderen nach dem Leben trachtet" (D. 1, 1, 3). Hier wird die naturrechtliche Verwandtschaft aller Menschen zur Begründung des Selbstverteidigungsrechtes angeführt. Noch die Satzung der Vereinten Nationen anerkennt bekanntlich im Art. 51 „das von Natur gegebene Recht individueller oder kollektiver Selbstverteidigung im Falle eines bewaffneten Angriffs". Der französische Text hat: „droit naturel de légitime défense", der englische: „the inherent right of ... self-defense". Die Formulierung wirkt fast wie eine Übersetzung des Ulpian-Textes.

Im Bereich des Sachenrechtes formuliert Gaius im Anschluss an die Darstellung verschiedener Fragen des Eigentumsrechts: „Aus dem, was wir gesagt haben, wird klar, dass gewisse Sachen auf Grund von Naturrecht veräußert werden, das sind jene, die durch Übergabe übereignet werden, andere nach Zivilrecht. Denn das Recht der Manzipation, der Abtretung vor dem Gerichtsmagistrat *(in iure)* und der Ersitzung ist ein Eigenrecht römischer Bürger" (inst. 2, 65). Im anschließenden § 2, 66 sagt er, dass Sachen, die in niemandes Eigentum stehen, ebenfalls nach Naturrecht durch Aneignung erworben werden. Ferner führt Gaius die Regel, dass das Eigentum an einem Gebäude dem Eigentum am Grundstück folgt, auf das Naturrecht zurück (inst. 2, 73).

Für denjenigen Rechtsbereich, der die Schuldverhältnisse zwischen Personen regelt (z. B. Zinsen, Schadensersatz, Gläubigerverzug, Kauf-, Miet und Werkverträge) und Obligationenrecht genannt wird, ist die Feststellung von Gaius (D. 4, 5, 8) wichtig, die in einem ähnlichen Zusammenhang steht, wie die Aussage über die Verwandtschaft, dass jene Obligationen, die auf einer natürlichen Verbindlichkeit beruhen, „durch Statusänderung nicht erlöschen, weil eine zivilrechtliche Regel naturrechtliche Verhältnisse nicht aufheben kann" (inst. 1, 158). Also, die zivilrechtliche Veränderung des *status* einer Person berührt jene Obligationen nicht, die auf einer natürlichen Verpflichtung beruhen. Wie die Begründung zeigt, sind das faktisch alle Obligationen, die nicht zum engen Kreis der zivilen Obligationen gehören. Sogar die zivilrechtliche, strengrechtliche Klage auf Leistung einer bestimmten Summe Geldes oder einer bestimmten Sache *(condictio)* wird, wie Paulus schreibt, im Falle der Rückforderung einer irrtümlich erbrachten nicht geschuldeten Leistung zur natürlichen, das heißt, sie ist naturrechtlich begründet: „Die Kondiktion der nichtgeschuldeten Leistung folgt aus der natürlichen Gerechtigkeit, und deshalb wird auch das, was zu der geleisteten Sache als Zuwachs hinzugekommen ist, von der Kondiktion erfaßt" (D. 12, 6, 15 pr.). Im vorausgehenden Fragment sagt Pomponius, „es entspricht der natürlichen Gerechtigkeit, daß niemand sich zum Nachteil eines anderen bereichern darf" (D. 12, 6, 14). Eine ähnliche Aussage aus einem späteren Werk des Pomponius ist von der Kommission Justinians in eine Sammlung von Rechtsregeln im letzten Digestentitel als Fragment 50, 17, 206 aufgenommen worden. In diesem Text bezieht sich Pomponius direkt auf das Naturrecht und sagt, dass es nach Naturrecht gerecht ist, dass sich niemand mit dem Schaden eines anderen und dem (ihm zugefügten) Unrecht bereichert.

An den Tatbestand des römischen Diebstahlsdelikts (furtum), das weiter ist als der moderne Diebstahl und gewisse Betrugs- und Veruntreuungsfälle mitumfasst, knüpft Paulus die Feststellung an, dass es nach Naturrecht verboten ist, dieses zu begehen (D. 47, 2, 1, 3). Dieser Einsicht entspricht die oben (I. bei Anm. 13) bereits zitierte Formulierung im § 233 des früheren österreichischen Strafgesetzbuches. Die Erkenntnis, dass der Mensch fähig ist, das natürliche Recht und Unrecht mit dem natürlichen Licht der Vernunft zu erkennen, ist, wie bereits oben erwähnt, besonders von Cicero ausführlich entwickelt worden. Das zu erkennen ist der Mensch dadurch fähig, dass er, so Cicero, mit einer allgemeinen Erkenntnisfähigkeit *(communis intellegentia)* ausgestattet ist, die ihn die Dinge erkennen lässt, so auch was sittlich gut und sittlich schlecht ist. Der wichtige Text lautet im Zusammenhang: „Doch können wir ein gutes Gesetz von einem schlechten durch kein anderes Richtmaß (Cicero sagt „Norm") als das der Natur trennen. Und nicht nur Recht und Unrecht wird durch die Natur unterschieden, sondern überhaupt alles Sittliche und Schändliche. Denn wie die Natur uns gemeinsame" (Büchner übersetzt die hier folgende *intellegentia* meines Erachtens falsch) Erkenntnisfähigkeit gegeben „und sie in unseren Seelen angelegt hat, rechnen wir Gesittetes unter die Vollkommenheit, unter Fehler das Schändliche. Das aber in bloßer Einbildung, nicht im Wesen gegründet zu sehen, verrät einen Wahnsinnigen" (leg. 1, 44 f.). In diesem Sinne wahnsinnig waren die römischen Juristen jedenfalls nicht.

Was nun die „Naturrechtspraxis" der römischen Juristen betrifft, so hat bereits Fritz Schulz in seinem Werk „Prinzipien des römischen Rechts" zu deren Schriften feststellen können: „Weithin macht der Vortrag der Juristen einen fast mathematischen Eindruck oder besser den Eindruck eines *Naturrechtes*. ... Überall ist hier ohne weiteres deutlich, daß die Jurisprudenz sich nicht begnügen will mit der Darstellung des positiven, derzeit geltenden römischen Rechts, daß sie vielmehr um die Herausarbeitung eines Naturrechts bemüht ist. Daher auch die eigentümliche Art der Darstellung, die ihre Sätze nicht eigentlich beweist, sondern unmittelbar aus der Betrachtung der Lebensverhältnisse findet, sie aus der ratio iuris schöpft. Daher ihre naturrechtliche Sicherheit ...".[19] Schulz hat hier zweifellos einen wesentlichen Sachverhalt richtig gesehen, nämlich, dass die römischen Juristen bei ihren nüchternen, gänzlich sachbezogenen Bemühungen um gerechte Lösungen konkreter Rechtsfälle unmittelbar und selbstverständlich natürliche Normen, das ist Naturrecht, praktisch angewandt haben. Es ist eben das, was ich früher mit „Naturrechtspraxis" meinte. Der große Romanist Fritz Schulz hat diese Aussagen bereits 1934 veröffentlicht. Sie sind deswegen umso bemerkenswerter, weil sie in der Zeit des absolut vorherrschenden Rechtspositivismus erschienen sind, und zwar als Antwort auf die sich mehr und mehr offen zeigende Missachtung des Rechts durch den Nationalsozialismus. Diese Erkenntnisse sind durch die neuere Forschung weitgehend bestätigt und noch weiterentwickelt worden.[20] Damit ist hinreichend klargestellt, welche Bedeutung das Naturrecht für die Entwicklung des römischen Rechtes hat.

## III. Zur Bedeutung des römischen Rechts für die Rechtsentwicklung Europas

Die römischen Juristen haben das Naturrecht als eine dem Menschen vorgegebene und für diesen mittels seiner Vernunft erkennbare normative Ordnung mit Selbstverständlichkeit als verbindlich erkannt und in konkreten Entscheidungen angewandt. Mit dieser Arbeit haben die römischen

Juristen die konkrete Kenntnis des Naturrechts in der praktischen Anwendung erschlossen und es dadurch auch zu einer historischen Realität gemacht. Die im alten römischen Recht vorhandenen Abweichungen vom Naturrecht wurden mit der Zeit immer mehr als ungerecht empfunden. Sie wurden von der römischen Rechtswissenschaft in unzähligen Einzelentscheidungen korrigiert, um zu gerechten Entscheidungen zu gelangen. Diese Arbeit der römischen Juristen hat sich über einen Zeitraum von fast 500 Jahren erstreckt, vom 2. Jahrhundert v. Chr. bis zum 3. Jahrhundert n. Chr. Das Ergebnis dieser Arbeit wurde im Jahre 533 n. Chr. vom oströmischen Kaiser Justinian, wie bereits in der Einleitung gesagt, in dem als Digesten bezeichneten Werk als eines seiner Gesetzbücher veröffentlicht. Die Wiederentdeckung dieses Werkes im Mittelalter und dessen Studium an der ursprünglichen Schule der *artes* in Bologna ließ zunächst aus dieser Schule die erste Universität Europas entstehen. Sie hat dann die gesamte weitere Entwicklung der europäischen Rechtskultur geprägt. Im 18. und 19. Jahrhundert sind auf dieser Grundlage die „Naturrechtsgesetzbücher" entstanden, das preußische Allgemeine Landrecht von 1794 (AL), der französische Code civil von 1804 und das österreichische Allgemeine Bürgerliche Gesetzbuch von 1811 (ABGB). Auf dieser Basis kann das ABGB noch heute im § 16 sagen: „Jeder Mensch hat angeborene, schon durch die Vernunft einleuchtende Rechte".

Nach dem Inkrafttreten der modernen Kodifikationen trat gleichwohl fast überall die Frage auf, ob nun das römische Recht weiter Gegenstand des Studiums der Rechtswissenschaft sein soll. Besonders beachtenswert ist in diesem Zusammenhang das von Kaiser Franz I. von Österreich mit einem Schreiben an Graf von Ugarte vom 26. September 1807 angeforderte Gutachten der Österreichischen Hofkanzlei (Arch. d. k. k. St. H. C. Z. 105) zu der Frage, ob nach dem Inkrafttreten des ABGB im Studium der Rechtswissenschaft das „des Römischen Privatrechts noch ferner beyzubehalten sey, und wann allenfalls das Letztere, wenn nicht gleich itzt, doch künftig aufzuhören habe". In dem vom Kanzler Graf von Ugarte gezeichneten Gutachten heißt es unter anderem:

„Das römische Civilrecht ist seit so vielen Jahrhunderten das allgemeine Recht aller civilisierten europäischen Nazionen, und das einzige Band, wodurch dieselben gemeinschaftliche Begriffe in Hinsicht nicht nur auf das Privatsondern auch auf das Völker- und Staatsrecht unterhielten. Nur durch dieses ... fast in allen Provinzen dieses Weltheils zur Hülfe genommene Recht kam (im Original irrt. „kann") die Rechtswissenschaft zu jener Stufe der Ausbildung, und Vollkommenheit, welcher die allgemeine und einzelne Wohlfahrt der Europäer, ... und eine in den Grundsätzen der natürlichen Billigkeit geschöpfte Rechtspflege, ... das Meiste, wo nicht alles zu verdanken hat.

Die römische Jurisprudenz ist mit Ausnahme einiger Theile, ... (Ausdruck) ...., ... der allgemeinen Vernunft, des moralischen Menschengefühls, der durch Erfahrung von Jahrhunderten zur Reife gebrachten richterlichen Klugheit; ...: endlich ist es die reichhältigste Sammlung der auf einzelne Fälle angewandten allgemeinen Grundsätze der Jurisprudenz, wo man sich bei den verwickeltsten Rechtsfragen Raths erholen kann, wozu gewiß die Kenntnis desjenigen, was bei ähnlichen Fällen entschieden worden ist, immer der sicherste Leitfaden seyn wird".

Das ganze Gutachten, welches mir durch das Entgegenkommen des Haus-, Hof und Staatsarchivs in Wien, in Ablichtung zugänglich gemacht wurde, ist außerordentlich lesenswert.[21]

Es ließen sich nun zahlreiche Beispiele dafür anführen, für wie viele konkrete Rechtsfragen das römische Recht auch heute praktische Bedeutung hat. Ich möchte nur eines von allgemeiner Bedeutung hervorheben: Das österreichische ABGB hat mit § 7 eine Bestimmung, mit welcher der Richter angewiesen wird, im Falle, dass ein Rechtsfall weder nach dem Wortlaut des Gesetzes noch durch Analogie zu lösen ist, diesen nach den natürlichen Rechtsgrundsätzen zu entscheiden. Es ist nun eine in der Literatur und in Kom-

mentaren umstrittene Frage, was diese natürlichen Rechtsgrundsätze sind. Im Jahre 1877 hatten noch Pfaff-Hofmann
in ihrem Kommentar zu § 7 ABGB die natürlichen Rechtsgrundsätze im römischen Recht gesehen. Sie haben dabei
mit Recht auf eine Feststellung von Rotteck verwiesen,
welche das Bewusstsein von der Beziehung des römischen
Rechts zum Naturrecht verdeutlicht:

„Die römische Rechtsgesetzgebung ist ihrem vorherrschenden Charakter nach (und abgesehen von den aus besonderen politischen, religiösen und sittlichen Verhältnissen
geflossenen Instituten) blos eine positive Verkündung und,
wo es Noth thut, nähere Bestimmung des Vernunftrechtes".
Sie zitieren dort auch Zachariä, der gesagt hat: „Denn überhaupt ist das röm. R. größtentheils ein in seinen Folgerungen dargestelltes Naturrecht".[22]

Natürlich ist mir klar, dass man zu diesen Aussagen heute
einiges dazusagen müsste, um der komplexen historischen
Realität gerecht zu werden. Gleichwohl sind diese Aussagen
zu einem großen Teil zutreffend. Beispiele aus der Rechtsprechung des österreichischen Obersten Gerichtshofes
(OGH) können das sogar verdeutlichen. Der bereits oben
(II.) zitierte Grundsatz: „es entspricht der natürlichen Gerechtigkeit, daß niemand sich zum Nachteil eines anderen
bereichern darf",[23] in Verbindung mit dem anderen Grundsatz, dass niemand durch eigene Arglist einen Rechtsvor-
teil erlangen darf,[24] ist vom OGH 1974 in einer bemerkenswerten Entscheidung angewandt worden. Es ging um
folgenden Fall: Eine Versicherungsgesellschaft hatte einem
„durch fahrlässiges Verhalten des Beklagten" schwer Ver-
letzten zugesichert, auch die Folgeschäden aus dem Unfall,
die durch später notwendige Operationen eintreten würden,
zu ersetzen. Im Hinblick auf diese Erklärung hat der Ge-
schädigte keine Veranlassung gesehen, zum Ausschluss der
Verjährung eine Feststellungsklage auf Bestehen des An-
spruchs einzubringen. Diese Klage hätte nur mit der kosten-
pflichtigen Verurteilung der Versicherungsgesellschaft enden
können. Als dann die Verjährungszeit abgelaufen war, hat

die Versicherungsgesellschaft gleichwohl Verjährung gegen die später geltend gemachten Ansprüche eingewandt. Darin wurde mit Recht ein arglistiges Verhalten der Versicherungsgesellschaft erblickt. Der OGH stellt in seinem Urteil vom 7. Oktober 1974 fest: „Der Schuldner, der den Gläubiger sittenwidrig abgehalten hat, der Verjährung vorzubeugen, darf sich auf die Verjährung nicht berufen".[25] Im ersten Leitsatz sagt der OGH: „Das Gesetz anerkennt sittliche Grundsätze („allgemeine Grundsätze der Gerechtigkeit": Abs. 1 KPz-ABGB), die so allgemein anerkannt sind, daß es zu ihrer Anwendung keiner besonderen Gesetzesbestimmung bedarf; sie durchbrechen selbst die geschriebene Norm".[26] In diesem Fall durchbrach der natürliche Rechtsgrundsatz sogar die äußerst strenge Verjährungsnorm des § 1502 ABGB, hinter der sich der arglistige Schuldner glaubte verstecken zu können. In zwei weiteren Urteilen aus dem Jahre 1975 wurde diese Entscheidung bekräftigt.[27] Der OGH spricht sogar von einer „nun bereits gefestigten Rechtsprechung des OGH aus der jüngeren Zeit". Demnach „darf sich gemäß dem natürlichen Rechtsgrundsatz, daß niemand durch Arglist Rechtsvorteile erlangen darf, der listige Schuldner, der den Gläubiger abgehalten hat, der Verjährung durch Einklagung … vorzubeugen, nicht auf die Verjährung berufen".[28] Leider hat die politisch motivierte Änderung des Scheidungsrechts dazu geführt, dass der OGH diese Rechtsprechung nicht mehr ungebrochen weiterführen kann. Denn nach dem neuen Scheidungsrecht kann auch der allein schuldige Ehegatte die Scheidungsklage einbringen und so aus eigener Unredlichkeit oder Schlechtigkeit *(inprobitas[29])* ein Klagerecht erlangen.

Paul Koschaker hat in seinem Buch „Europa und das römische Recht" von einem europäischen Naturrecht gesprochen, „das nicht spekulativ aus der Vernunft, sondern streng historisch aus der Vergleichung derjenigen Privatrechtssysteme gewonnen wird, die zum rechtlichen Aufbau Europas und darüber hinaus der ganzen Kulturwelt beigetragen haben, an der Spitze das römische Recht, das die

Verbindung zwischen diesen Rechtssystemen herstellt; ein Naturrecht, das die Rechtserfahrungen aller Kulturvölker sammelt, die Europa aufbauen geholfen haben".[30] Koschaker spricht in diesem Zusammenhang von einem „relativen" Naturrecht, im Gegensatz zu einem „absoluten", von dem er schreibt: „Ein absolutes Naturrecht kommt allerdings nicht in Frage". Dieses Problem kann ich hier nicht durchdiskutieren. Ich möchte nur darauf hinweisen, dass Alfred Verdross einen wichtigen Beitrag zur Klärung des Verhältnisses zwischen absolutem und unwandelbarem Naturrecht einerseits und den jeweiligen situationsbedingten und damit relativen Konkretisierungen dieses Naturrechts andererseits geleistet hat. In seinem Buch „Statisches und dynamisches Naturrecht"[31] unterscheidet er zwischen einem primären unveränderlichen und sekundären veränderlichen Naturrecht. Das sekundäre Naturrecht ist die jeweilige Anwendung des primären in den wechselnden Situationen. Er sagt dann unter anderem: „Veränderlich sind also nur die Konkretisierungen des primären Naturrechts". In diesen veränderlichen „sekundären Normen des Naturrechts" kommt jedoch „das unveränderliche Naturrecht zur Anwendung".[32] Wenn es dieses primäre, unveränderliche und damit absolute Naturrecht nicht gäbe, könnten seine Normen in einem veränderlichen sekundären Naturrecht auch nicht zur Anwendung kommen. Dann wäre es einfach sinnlos, von Naturrecht zu sprechen. Koschaker meint aber wohl mit dem relativen Naturrecht nur das veränderliche, daher relative sekundäre Naturrecht, das in den durch die historischen Umstände bedingten Konkretisierungen des primären besteht, ohne die von Verdross explizit gemachte Unterscheidung zu kennen. Dieses sekundäre Naturrecht allein lässt sich streng historisch erforschen. Es ist eben die sich in der Geschichte entfaltende jeweilige „Naturrechtspraxis", die jedoch Existenz und Erkennbarkeit des primären, unveränderlichen Naturrechts voraussetzt.

Um die Bedeutung des Naturrechts im römischen Recht und auch für uns zu verstehen, ist die von Verdross klargestellte Unterscheidung sehr wichtig. Sie kann helfen, den Prozess der praktischen Anwendung besser zu verstehen. Die Erkenntnisse der antiken Philosophie betreffend das Naturrecht allgemein und besonders die für die römischen Juristen historisch bezeugte Naturrechtspraxis haben heute aber auch deswegen größte Bedeutung, weil sogar die Moraltheologie in einer Spätrezeption des positivistischen Wissenschafts- und Wirklichkeitsbegriffes meint, das Naturrecht abtun zu können oder zu müssen, um den Menschen ihre erwünschte „Autonomie" zu gewähren. Dass dies ein Irrweg ist, der nicht zu mehr Menschlichkeit führt, müsste längst klar sein. Auch die pluralistische demokratische Gesellschaft entzieht sich selbst die Grundlage ihres Bestandes, wenn sie meint, dem Menschen vorgegebene Normen missachten zu können. Das hat besonders Joachim Detjen in einer eingehenden Untersuchung zum Verhältnis von Pluralismus und Naturrecht gezeigt.[33]

Der „Neukantianismus", der „positivistische *Wissenschaftsbegriff*"[34] und der daraus folgende „*Wirklichkeitsbegriff*" haben aber nahezu die gesamte moderne Rechtstheorie mehr oder weniger erfasst. Diese Tendenzen hat vor allem auch der „kritische Rationalismus" von Karl Popper und Hans Albert noch verstärkt.[35] Unter diesen Voraussetzungen wurde, wie bereits bemerkt,[36] von Leinweber das Naturrecht als „Trugbild unserer Wunschträume" bezeichnet und behauptet, „daß wir noch niemals eine Kenntnis, sondern nur ‚die Illusion einer Kenntnis des Naturrechts' besaßen".[37] Ich kann nicht bestreiten, dass der Verfasser dieser Aussagen keine Kenntnis des Naturrechts besaß. Ich muss ihm aber leider dazu bescheinigen, dass er auch keine Kenntnis der wirklichen Rechtsentwicklung seit der Antike besessen haben konnte. Bereits Johannes Messner hat in seiner Rezension der ersten Auflage des Buches von Leinweber festgestellt: „Daß es eine wissenschaftliche Naturrechtslehre nicht geben kann, ist logisch unbestreitbar, wenn Leinwebers Wissenschaftsbegriff richtig ist." Aber er fügt dann hinzu: „Der Wissenschaftsbegriff steht heute im Mittelpunkt der wissenschaftlichen Diskussion." Und weiter: „Tatsächlich ist ein Begriff der Wissenschaft rein willkürlich, der diese nur auf die Naturwissenschaften einschränkt".[38] Kelsen hat von seinem Wissenschaftsbegriff aus die Kritik an den Naturrechtslehren noch schärfer formuliert, wenn er sagt, dass „die verschiedenen Naturrechtslehren ebenso viele und ebenso verschiedene Antworten wie der relativistische Positivismus" geben. Dann schreibt er: „Aber jede dieser Naturrechtslehren gibt dem Individuum die Illusion, daß die Gerechtigkeitsnorm, die es wählt, von Gott, der Natur oder der Vernunft stammt, daher absolut gültig ist und die Möglichkeit der Geltung einer anderen ihr widersprechenden Gerechtigkeitsnorm ausschließt; und für diese Illusion bringen viele jedes *sacrificium intellectus*",[39] das heißt, sie opfern ihren Verstand. Diese Aussage impliziert, dass die gesamte Entwicklung der abendländischen Philosophie seit Platon über Aristoteles und die Stoa zunächst zu Cicero und der ganzen römischen Rechtswissenschaft, dann zu Augustinus, über den hl. Thomas von Aquin, die spanische Naturrechtsschule bis zur Naturrechtslehre der Aufklärung mit den Naturrechtskodifikationen des 18. und 19. Jahrhunderts und zu den Bemühungen im vorigen Jahrhundert um die Menschenrechte eine ununterbrochene Kette von Aufopferungen des Verstandes gewesen wäre. Auf eine solche würde sich dann auch die gesamte europäische Rechtsentwicklung gründen. Ich kann mir diese Aussage Kelsens nur dadurch erklären, dass er nicht weiß, wovon er spricht. Cicero ebenso wie Ulpian bezeichnen dagegen gerade diese auf Sokrates, Platon und Aristoteles zurückgehende Philosophie als die wahre.[40]

In der historischen Wirklichkeit des Naturrechts ist es nie darum gegangen, eine „Gerechtigkeitsnorm" zu wählen und auf diese ein Naturrecht theoretisch aufzubauen. Kelsen hat einfach diese Wirklichkeit nicht gekannt. Selbst bei dem so genannten „Naturrecht der Aufklärung", bei dem der Ansatz tatsächlich so war, dass man es aus der autonomen Vernunft konstruieren wollte, ist in der Wirklichkeit weitgehend auf die Erkenntnisse der römischen Rechtswissenschaft zurückgegriffen worden. Besonders die „Naturrechtsgesetzbücher" zeigen das mit aller Deutlichkeit. Wenn Kelsen sagt, dass „die verschiedenen Naturrechtslehren ebenso viele und ebenso verschiedene Antworten wie der relativistische Positivismus" geben, so trifft das auf die wirkliche Rechtsentwicklung seit der Antike keinesfalls zu. Diese Entwicklung zeigt in Wahrheit eine unglaubliche Kontinuität über zwei Jahrtausende. Kelsens Urteil trifft tatsächlich nur auf Theorien zu, die im Zusammenhang mit dem Naturrecht, aber ohne Bezug auf dessen Wirklichkeit, entwickelt wurden. Die mit diesen Theorien verbundenen Ansprüche, allein wissenschaftlich zu sein, sind jedoch bereits seit der Antike als in sich widersprüchlich und unhaltbar erwiesen worden. Daher sind sie auch in der Gegenwart wieder kritischer Überprüfung unterzogen worden. Diese Überprüfungen, die freilich von unterschiedlichen Grundpositionen aus erfolgt sind, führten notwendigerweise zum gleichen Ergebnis, zu dem bereits Aristoteles bei der Überprüfung der früheren philosophischen Lehren gekommen ist, die „nur das Sinnliche für Seiendes ansahen". Dieser folgert: „Daher reden sie zwar nach dem Schein, aber nicht nach der Wahrheit".[41] Hinsichtlich des Relativismus stellt Aristoteles fest: „… einmal muß, wenn alles, was man meint, und alles, was sinnlich erscheint, wahr ist, alles zugleich wahr und falsch sein. Denn viele haben entgegengesetzte Ansichten und glauben, daß diejenigen, die ihre Meinung nicht teilen, im Irrtum sind, woraus notwendig folgt, daß dasselbe ist und auch nicht ist".[42] Wie er weiter zeigt, „ergibt sich für alle solche Behauptungen die oft betonte Folge, daß sie sich selbst aufheben".[43] Eric Voegelin, ehemaliger Assistent von Hans Kelsen, hat bei seiner Analyse der Entwicklung des positivistischen Wissenschaftsbegriffes daher mit Recht festgestellt: „Solche Erwägungen würden das positivistische Bild der Entwicklung von einer frühen religiösen oder theologischen Phase der Menschheit bis zur Höhe der positiven Wissenschaft radikal umstoßen. Nicht nur würde die Linie

60

der Entwicklung, zumindest für die Neuzeit, von einer höheren zu einer niedrigeren Stufe der Rationalität verlaufen, sondern darüber hinaus müßte dieser Abstieg der *ratio* als die Folge geistigen Rückschritts aufgefaßt werden. Damit würde eine Deutung westlicher Geschichte, die in Jahrhunderten entstanden war, revolutioniert werden. Und eine Revolution solchen Ausmaßes würde auf die Opposition ‚progressiver‘ Elemente stoßen, die sich plötzlich in der Lage rückschrittlicher Irrationalisten befänden".[44]

Voegelin erklärt dann, warum er diese Feststellungen „im Modus des Konjunktivs formuliert". Im Anschluß schreibt er: „Eine große Zahl von Vorbedingungen mußte erfüllt sein, ehe die kunjunktivischen Erwägungen in die Form indikativischer Aktion übertragen werden konnten. Das Verständnis für Ontologie wie auch die rein handwerksmäßige Technik des Philosophierens mußten neu erworben, und vor allem mußte die philosophische Anthropologie wieder als Wissenschaft neu begründet werden".[45] Es gibt also keine Alternative zu dem von der wahren Philosophie begründeten Bemühen, mit den dem jeweiligen Gegenstand angemessenen Methoden nach der Wahrheit zu suchen.

Seit der Antike wurde zu allen Zeiten Naturrecht mit dem natürlichen Licht der Vernunft erkannt und angewandt. Es wurde auch gesehen, dass eine menschenwürdige Ordnung nur bestehen kann, wenn die dem Menschen vorgegebenen Rechte geachtet werden. Cicero hat das in der bereits zitierten[46] Aussage besonders klar formuliert, dass „das Gesetz der Natur selbst ... den Nutzen des Menschen bewahrt und umfasst". Daher ist die Kenntnis des Naturrechts nicht eine Frage irgendwelcher mehr oder weniger zuverlässiger philosophischer Theorien oder gar einer positivistischen Rechtstheorie. Das Naturrecht ist vielmehr eine erkennbare Realität in der gesamten Entwicklung der europäischen Rechtskultur.

# IV. Naturrecht als Grundlage der Menschenrechte

Dieses Naturrecht ist auch die Grundlage der modernen Menschenrechte. Martin Kriele hat mehrfach auf das Naturrecht, besonders im Zusammenhang mit den Menschenrechten, Bezug genommen. Die ihm zukommende Bedeutung wird besonders deutlich aus seiner Einführung in die Staatslehre. Im Rahmen der Erörterung des Verhältnisses von „Rule of Law und Rechtsstaat"[47] sagt er dort: „Sofern der Rechtsstaat naturrechtlich verstanden wird, gilt dieses Naturrecht als ein *universal und zeitlos* geltender Normenkomplex".[48] Die Frage wird natürlich auch in vielen Arbeiten Krieles implizit berührt, selbst wenn nicht ausdrücklich von Naturrecht die Rede ist. Der ganze Bereich der Grundrechte, um die sich Kriele vielfach verdient gemacht hat, setzt die Existenz von „unveräußerlichen Menschenrechten als Grundlage jeder menschlichen Gemeinschaft, des Friedens und der Gerechtigkeit in der Welt" (GG Art. 1 Abs. 2) voraus. Kriele selbst meint dazu: „Die Begriffe ‚Grundrechte und Menschenrechte' werden zwar häufig gleichbedeutend verstanden. Aber nach dem Schwerpunkt sowohl ihrer Herkunft als auch des Sprachgebrauchs kann man so unterscheiden: Grundrechte sind *positives Recht,* Menschenrechte sind *Naturrecht.* In der theoretischen Diskussion spielt dieser Unterschied eine große Rolle. Menschenrechte gelten zeitlich gesehen ewig, räumlich gesehen überall in der Welt; sie sind in der Natur oder in Gottes Schöpfung verwurzelt, sie haben den Charakter der Heiligkeit und Unverbrüchlichkeit".[49]

Wäre es anders, dann könnte es auch die „unverletzlichen und unveräußerlichen Menschenrechte als Grundlage jeder menschlichen Gemeinschaft, des Friedens und der Gerechtigkeit in der Welt" nicht geben, zu denen sich das Deutsche Volk im Art. 1 Abs. 2 des Grundgesetzes von 1949 bekennt. Denn dann hinge alles von jeweiligen Mehrheitsentscheidungen ab. Diese aber können jedes Recht praktisch unwirksam machen, auch das menschliche Recht auf Leben.

Daher ist eine Wiederbesinnung auf die naturrechtlichen Grundlagen unserer Rechtsordnung alles andere als eine theoretische Spielerei.

Diese Wiederbesinnung ist auch nicht schwierig. Man muss nicht lange suchen und theoretisieren. Die Erkenntnisse der römischen Rechtswissenschaft sind seit Jahrhunderten bekannt. Als die im Europarat vereinigten Regierungen europäischer Staaten sich im Jahre 1950 entschlossen, eine Europäische Konvention zum Schutze der Menschenrechte und Grundfreiheiten (EMRK) zu vereinbaren, konnten sie, wie die Präambel zu dieser Konvention sagt, an „ein gemeinsames Erbe an geistigen Gütern"[50] anknüpfen. Nach den Gräueln des Nationalsozialismus und des Zweiten Weltkrieges war dieses Erbe als Grundlage für den Wiederaufbau Europas besonders klar im Bewusstsein aller. Theodor Heuss konnte im selben Jahr 1950 über dieses Erbe sagen: „Von drei Hügeln ging Europa aus: von der Akropolis, dem Capitol und Golgatha".[51] Diese Worte hat Erich Genzmer in seinem Beitrag: „Das römische Recht als Mitgestalter gemeineuropäischer Kultur"[52] mit Recht zur Charakterisierung jener Faktoren angeführt, die Europa gestaltet haben: die griechische und römische Kultur, zu denen die griechische Philosophie und das römische Recht als tragende geistige Faktoren gehören, und das Christentum. Im Jahre 1949, also ein Jahr vor der EMRK, hatte das Deutsche Volk, wie es die Präambel zum Grundgesetz formuliert, „Im Bewußtsein seiner Verantwortung vor Gott und den Menschen ... sich ...dieses Grundgesetz gegeben". Wie die Begründung für „die Einbeziehung der invocatio Dei in die Präambel" durch den Abgeordneten Dr. Süsterhenn zeigt, lag ihr gerade das in der Präambel zur EMRK angeführte gemeinsame Erbe an geistigen Gütern zu Grunde.[53] Bei dem Bemühen, auch in die Verfassung der Europäischen Union eine solche *invocatio Dei* aufzunehmen, konnte ein laizistischer europäischer Staat durch sein Veto dies verhindern. Hierin zeigt sich der totalitäre Zug des Laizismus, wie er sich bereits in der Französischen Revolution offenbarte. Das gemeinsame Erbe ganz Europas muss aufgegeben werden, weil ein Staat es will und der Abstimmungsmodus in der Europäischen Union dies möglich macht.

Für die Bedeutung des Naturrechts für eine rechtsstaatliche Ordnung ist eine Entscheidung des deutschen Bundesverfassungsgerichts bemerkenswert. In einem viel zitierten Urteil vom 23. Oktober 1951 wurde im Leitsatz Nr. 27 festgestellt: „Das Bundesverfassungsgericht erkennt die Existenz überpositiven, auch den Verfassungsgesetzgeber bindenden Rechtes an und ist zuständig, das gesetzte Recht daran zu messen".[54] Es bezeichnet auch die „verfassungsgebende Versammlung" als „gebunden an die jedem geschriebenen Recht vorausliegenden überpositiven Rechtsgrundsätze".[55] Auch wenn hier nicht ausdrücklich der Begriff Naturrecht verwendet wird, so ist es doch klar, dass sachlich das Naturrecht gemeint ist. Heute würde das Bundesverfassungsgericht das wohl nicht mehr sagen, obwohl das Naturrecht inzwischen nicht abgeschafft werden konnte. Aber die heute herrschenden Theorien haben Barrieren aufgebaut, die das „Einleuchten" dieses Rechtes verhindern.

Die Grundlagen unserer Rechtsordnung sind sogar den aktuellen europäischen Gerichtshöfen in ihrer Bedeutung bekannt. Rolf Knütel konnte das in einem Beitrag zu „*Ius commune* und römisches Recht vor Gerichten der Europäischen Union"[56] zeigen. Unter *ius commune* ist das seit dem Mittelalter in Europa angewandte Recht zu verstehen, das aus römischem Recht, kanonischem Recht und lokalen Eigenrechten zusammengesetzt war. Knütel kann Alberto Trabucchi, Generalanwalt am Gerichtshof der Europäischen Gemeinschaft, zu den allgemeinen Rechtsgrundsätzen unter anderem mit folgender Aussage zitieren: „Wir finden sie in den antiken Rechtsordnungen als *ratio scripta* (geschriebene Vernunftordnung) des menschlichen Zusammenlebens, wir finden sie in den Kodifizierungen des 19. Jahrhunderts, die gerade konzipiert wurden, um die Gültigkeit solcher Aussagen in Artikeln festzulegen; wir finden sie heute in noch feierlicherer Form in den modernen Verfassungen vor ... Vor diesen Grundsätzen muß die Tätigkeit der Gemeinschaftsorgane respektvoll innehalten ..."[57] Es ist daher nicht nur möglich, sondern sogar von Organen der Europäischen Union anerkannte Pflicht, diese Grundlagen zu beachten.

Nur wenn diese Grundlagen wieder mehr anerkannt und tatsächlich beachtet werden, kann es auch wieder einen wirksamen Schutz der Menschenrechte geben. Die Bildung des Rechtsbewusstseins ist daher eine der wichtigsten Aufgaben, um eine europäische Wertegemeinschaft auf der Grundlage des „gemeinsamen Erbes an geistigen Gütern" wiederherstellen zu können und damit auch eine menschenwürdige Zukunft der Menschheit insgesamt zu sichern.

Fünftes Kapitel

# Das Menschenrecht zum Leben[1]

Die heute vielfältige Missachtung des menschlichen Lebens ist zweifellos eine Tatsache, die Anlass zu größter Sorge geben muss. In der Präambel zur Allgemeinen Erklärung der Menschenreche von 1948 konnte noch festgehalten werden, dass „Verkennung und Mißachtung der Menschenrechte zu Akten der Barbarei führten, die das Gewissen der Menschheit tief verletzt haben". Heute wird die Tatsache, dass nach vorsichtigen Schätzungen weltweit jährlich 50 bis 60 Millionen ungeborene Kinder getötet werden, ohne eine solche Wirkung auf das „Gewissen der Menschheit" hingenommen. Es wird vielmehr umgekehrt sogar ein Menschenrecht auf Abtreibung behauptet. Die Ursachen dafür hat besonders Papst Johannes Paul II. in seiner Enzyklika *Evangelium vitae* von 1995 (EV) aufgezeigt. Diese Enzyklika ist das wohl wichtigste Dokument, das den Lebensschutz direkt auf das Naturrecht gründet. Was bisher über die Wirklichkeit des Naturrechts seit der vorchristlichen Antike gesagt werden konnte, zeigt, dass der Papst sehr wohl auf dieses Fundament bauen konnte. Daher werden auch die wichtigsten Aussagen dieser Enzyklika in diesem Zusammenhang zu berücksichtigen sein. Zunächst will ich jedoch auf die Menschenwürde als solche eingehen, die ganz allgemein die Grundlage der Menschenrechte ist.

## I. Naturrecht und Menschenwürde

Das Grundgesetz für die Bundesrepublik Deutschland (GG) stellt die Würde des Menschen an die Spitze der Grundrechte. Art. 1 Abs. 1 lautet: „Die Würde des Menschen ist unantastbar. Sie zu achten und zu schützen ist Verpflichtung aller staatlichen Gewalt." Im Abs. 2 heißt es dann: „Das Deutsche Volk bekennt sich darum zu unverletzlichen und unveräußerlichen Menschenrechten als Grundlage jeder menschlichen Gemeinschaft, des Friedens und der Gerechtigkeit in der Welt." Damit ist im Wesentlichen der 1. Abs. der Präambel der Allgemeine Erklärung der Menschenrechte von 1948 in den Verfassungstext des GG aufgenommen worden. Die „Konvention zum Schutze der Menschenrechte und Grundfreiheiten" vom 4. November 1950 (EMRK) wollte, wie die Präambel im Abs. 5 sagt, „die ersten Schritte auf dem Wege zu einer kollektiven Garantie gewisser in der Allgemeinen Erklärung verkündeter Rechte ... unternehmen". Als erstes Recht wird begreiflicherweise das Recht „jedes Menschen auf das Leben" genannt, denn ohne dieses Recht sind alle weiteren Rechte gegenstandslos. Der Art 2 Abs. 1 lautet: „Das Recht jedes Menschen auf das Leben wird gesetzlich geschützt. Abgesehen von der Vollstreckung eines Todesurteils, das von einem Gericht im Falle eines durch Gesetz mit der Todesstrafe bedrohten Verbrechens ausgesprochen worden ist, darf eine absichtliche Tötung nicht vorgenommen werden." Die Todesstrafen sind inzwischen weitgehend abgeschafft worden. Dafür sind „absichtliche Tötungen" von vollkommen unschuldigen Menschen in großer Zahl gesetzlich zugelassen worden, indem der Rechtsschutz für ungeborene Kinder weitgehend aufgehoben und die Euthanasie zunehmend zugelassen wurde. Die Missachtung der Menschenwürde hat sich auch in der embryonalen Stammzellenforschung und auf verschiedenen anderen Gebieten mehr und mehr ausgebreitet. Diese Entwicklungen konnten weder durch die Allgemeine Erklärung der Menschenrechte, noch durch das GG und die EMRK aufgehalten werden. Auch feierliche Aussagen des Zweiten Vatikanischen Konzils in der Pastoralkonstitution über die Kirche in der Welt von heute *Gaudium et spes* konnten daran nichts ändern. In Art. 27 wird nach der Erklärung, dass „das Konzil die Achtung vor dem Menschen einschärfen" will, festgelegt: „Was ferner zum Leben selbst in Gegensatz steht, wie jede Art Mord, Völkermord, Abtreibung, Euthanasie und auch der freiwillige Selbstmord; was immer die Unantastbarkeit der menschlichen Person verletzt, wie Verstümmelung, körperliche oder seelische Folter und der Versuch, psychischen Zwang auszuüben; was immer die menschliche Würde angreift, wie unmenschliche Lebensbedingungen, willkürliche Verhaftung, Verschleppung, Sklaverei, Prostitution, Mädchenhandel und Handel mit Jugendlichen, sodann auch unwürdige Arbeitsbedingungen, bei denen der Arbeiter als bloßes Erwerbsmittel und nicht als freie und verantwortliche Person behandelt wird: all diese und andere ähnliche Taten sind an sich schon eine Schande; sie sind eine Zersetzung der menschlichen Kultur, entwürdigen weit mehr jene, die das Unrecht tun, als jene, die es erleiden. Zugleich sind sie in höchstem Maße ein Widerspruch gegen die Ehre des Schöpfers".

In *Evangelium vitae* sagt Johannes Paul II. zu diesem Text: „Schon das Zweite Vatikanische Konzil beklagte an einer Stelle, die von geradezu dramatischer Aktualität ist, nachdrücklich vielfältige Verbrechen und Angriffe gegen das menschliche Leben. Wenn ich mir nun im Abstand von dreißig Jahren die Worte der Konzilsversammlung zu eigen mache, erhebe ich im Namen der ganzen Kirche und in der Gewißheit, damit dem echten Empfinden jedes reinen Gewissens Ausdruck zu verleihen, noch einmal und mit gleichem Nachdruck klagend meine Stimme" (Nr. 3). In Nr. 4 fügt er hinzu: „Weit davon entfernt, sich einschränken zu lassen, ist dieses beunruhigende Panorama statt dessen leider in Ausdehnung begriffen: mit den neuen, vom wissenschaftlich-technologischen Fortschritt eröffneten Perspektiven entstehen neue Formen von Anschlägen auf die Würde des Menschen, während sich eine neue kulturelle Situation abzeichnet und verfestigt, die den Verbrechen gegen das Leben einen bisher unbekannten und womöglich noch widerwärtigeren Aspekt verleiht und neue ernste Sorgen auslöst: breite Schichten der öffentlichen Meinung rechtfertigen manche Verbrechen gegen das Leben im Namen der Rechte der individuellen Freiheit und beanspruchen unter diesem Vorwand nicht nur Straffreiheit für derartige Verbrechen, sondern sogar die Genehmigung des Staates, sie in absoluter Freiheit und unter kostenloser Beteiligung des staatlichen Gesundheitswesens durchzuführen."

Bevor ich auf das Lebensrecht selbst eingehe, möchte ich aus dem Katalog der Verletzungen der Menschenwürde einige Punkte herausgreifen und einige dort nicht genannte erwähnen.

## 1. Körperliche und seelische Folter

Wohl eine der niederträchtigsten Formen der Verletzung der Menschenwürde ist das Quälen eines Menschen, den man wehrlos in der Gewalt hat. Dies geschah in der ganzen Geschichte der Menschheit und geschieht leider noch immer, so unmenschlich es auch ist. Und es geschieht noch immer, obwohl die Allgemeine Erklärung der Menschenrechte im Art. 5 erklärt hat: „Niemand darf der Folter oder grausamer, unmenschlicher oder erniedrigender Behandlung oder Strafe unterworfen werden." Die EMRK hat das in Art. 3 fast wörtlich wiederholt. Nur die Reihenfolge der Wörter ist in „Strafe oder Behandlung" umgestellt worden. In einer Entscheidung des Europäischen Gerichtshofes vom 25. April 1978 ist dieses Verbot als „ein absolutes" bezeichnet worden. Keine Umstände, auch „nicht im Falle eines Krieges oder einer anderen öffentlichen, die Existenz der Nationen bedrohenden Notstandssituation", können zur Anwendung der Folter berechtigen (Europäische Grundrechte-Zeitschrift [EuGRZ] 1979, 162 ff.). Der Internationale Pakt über bürgerliche und politische Rechte vom Dezember 1966 (UN-Zivilpakt) hat die Aussage des Art. 5 der Allgemeinen Erklärung wörtlich wiederholt und hinzugefügt: „Insbesondere darf niemand ohne seine freiwillge Zustimmung medizinischen oder wissenschaftlichen Versuchen unterworfen werden" (Art. 7). Dies gilt natürlich auch für die „wissenschaftlichen Versuche" an menschlichen Embryonen. Diese mehrfach bekräftigten Normen haben gleichwohl nicht verhindern können, dass sie unter dem Vorwand der Freiheit der Wissenschaft missachtet werden. Aber immerhin ist es nach vielen Jahren zu einer „Folteranklage für den Ex-Chef der Roten Khmer" gekommen. In dem Gefängnis, dessen Leiter er war, sind „zwischen 1975 und 1979 rund 15.000 Männer, Frauen und Kinder gefoltert oder hingerichtet" worden. „Der Prozess hatte offiziell bereits am 17. Februar (2009) begonnen" (Salzburger Volkszeitung vom 31.3.2009, S. 14). Wenn es die politischen Machtverhältnisse erlauben, können Menschenrechte auch wirksam werden.

Die Folter wurde seit der Antike eingesetzt, um einen Menschen entweder zu einer erwünschten Aussage oder zu einer erwünschten Tat zu bringen. In den KZs und im Archipel Gulag gab es das Quälen auch einfach aus Hass oder aus Lust am Quälen. Noch immer existiert das Gefangenenlager in Guantanamo, in dem, ungeachtet der Allgemeinen Erklärung der Menschenrechte und des UN-Zivilpaktes, nach glaubwürdigen Nachrichten gefoltert wurde. Mit Recht ist dagegen weltweit protestiert worden. Dies hat nun auch den Präsidenten Obama zur Schließung dieses Gefangenenlagers veranlasst.

Als Verhörmethode wurde die Folter im antiken Rom bei schweren Verbrechen offiziell angewandt. Ulpian: „Unter peinlicher Frage (quaestio) muss man Tortur und körperliche Schmerzen verstehen, um die Wahrheit herauszubringen" (D. 47, 10, 15, 41). Sie durfte jedoch normalerweise nur bei Sklaven angewandt werden. Das Kaiserrecht seit Augustus (27 v. Chr. bis 14 n. Chr.) und nachfolgende Kaiser bemühten sich um eine Einschränkung der Folter (Ulpian D. 48, 18, 1). In den Christenverfolgungen ist die Folter auch bei Freien angewandt worden, um sie zur Teilnahme am Kaiserkult zu bewegen.[2] Als im Jahre 865 n. Chr. der Fürst der Bulgaren Khan Boris das Christentum annahm und getauft wurde, erhielt er von Papst Nikolaus I. (858–867) im Jahre 866 bemerkenswerte „Ratschläge" (consulta), unter denen sich auch eine klare Ablehnung der Folter findet. Nikolaus I. sagt zur Folter: „dies läßt weder das göttliche noch das menschliche Gesetz in irgendeiner Weise zu, da ein Geständnis nicht ungewollt, sondern freiwillig sein muß".[3] Wenn Nikolaus I. vom göttlichen Gesetz spricht, so ist damit zweifellos das Naturrecht eingeschlossen.

Der Erfindungsreichtum bei Arten der Folter ist fast unerschöpflich. Das braucht hier nicht dargestellt zu werden. Ein besonders grausames Beispiel wurde mir von einem polnischen Kollegen im Jahre 1974 in Polen berichtet. Eine Foltermethode für gefangene Dissidenten war, unter die Fingernägel Holzspäne hineinzuschieben und diese dann anzuzünden. Das sich den Fingern nähernde Feuer sollte sie rasch zum Reden bringen.

Es verdient erwähnt zu werden, dass auch der „Katechismus der Katholischen Kirche" von 1993 zur Folter das Folgende festhält: „*Folterung*, die körperliche oder seelische Gewalt anwendet, um Geständnisse zu erpressen, Schuldige zu bestrafen, Opponenten Angst einzujagen oder Haß zu befriedigen, widerspricht der Achtung vor der Person und der Menschenwürde" (Nr. 2297).

Betreffend seelische Folter hatte Kardinal Ratzinger 2002 beim Kongress „Freude am Glauben" in Fulda darauf hingewiesen, dass es heute zwar die mittelalterlichen Foltermethoden nicht mehr gibt, aber dann gesagt: „Aber es gibt neue und nicht weniger grausame Weisen der Folter. Mit der Macht der Medien kann man Menschen an den Pranger stellen und kann sie zerreißen. Mit ihrer Macht kann man Menschen zum Schweigen bringen, ... Aber auch subtilere Weisen der Problematik von Wolf und Schaf gibt es bis mitten in die Kirche, ... Und auch in der Kirche sind Wölfe. ... Die Keule des Fundamentalismus steht jeder Zeit bereit. Und wenn sie auf jemanden geschlagen wird, dann ist er zum Schweigen gebracht" (Schweizerisches Katholisches Sonntagsblatt vom 7. Juli 02, S. 1, kürzer in: Die Tagespost vom 25. Juni 2002, S. 5). Für die Macht der Medien ist ein jüngstes Beispiel die erfolgreiche Verhinderung der durch den Papst erfolgten Ernennung eines katholischen Weihbischofs für die Diözese Linz.

## 2. Krieg, Gewalt, Flucht und Emigration

Die hier angesprochenen Erscheinungen betreffen die zweifellos traurigsten Kapitel der Menschheitsgeschichte. So weit historische Kenntnisse zurückreichen, hat es Kriege über Kriege gegeben. Und es gibt sie in grausamster Form auch in unserer Gegenwart. Nicht einmal Europa ist nach dem Zweiten Weltkrieg davor verschont geblieben. Der Balkankrieg hat sich durch besondere Grausamkeit ausgezeichnet, die bis zum teilweisen Völkermord reichten. Welches menschliche Leid und wie „unmenschliche Lebensbedingungen" dadurch für unzählige Menschen herbeigeführt wurden, kann nicht abgeschätzt werden. Etwas davon beweisen jetzt auch die christlichen Flüchtlinge aus dem Irak. In Afrika ist es fast zur Ausrottung ganzer Stämme gekommen, und noch ist auch dort wirklicher Friede nicht erreicht. Papst Benedikt XVI. hat in Afrika deshalb besonders zu Frieden, Versöhnung und Gerechtigkeit aufgerufen. Das unermessliche Elend der Flüchtlinge in Afrika wird der Welt zwar über das Fernsehen vor Augen geführt, aber für eine hinreichende Hilfe reichen offenbar die Mittel nicht. Statt dessen müssen Milliarden über Milliarden Dollar und Euros für die Sanierung verwirtschafteter Banken eingesetzt werden, und die dafür Verantwortlichen, die von der Bank selbst nichts mehr hätten bekommen können, werden mit Millionenbeträgen an Abfertigungen auf Kosten der Steuerzahler belohnt.

Was die römischen Juristen Cassius und Florentinus über das von Natur gegebene Recht auf Selbstverteidigung gegen (rechtswidrige) Gewaltanwendung gesagt haben (vgl. Kap. 4 II), hat die Satzung der der Vereinten Nationen fast wortgleich im Art. 51 übernommen. Nach den Gräueln des Ersten Weltkrieges hatte der Briand-Kellog-Pakt vom 27. August 1929 ein generelles Kriegsverbot verfügt, das von der

Satzung der Vereinten Nationen in Art. 2 Ziff. 4 übernommen wurde. Der Text lautet: „Alle Mitglieder sollen sich in ihren internationalen Beziehungen der Androhung und Anwendung von Gewalt gegen die territoriale Unversehrtheit oder politische Unabhängigkeit irgendeines Staates oder in irgendeiner anderen, mit den Zielen der Vereinten Nationen unvereinbaren Weise enthalten." Damit kann kein Krieg mehr gerecht sein, der nicht der Selbstverteidigung dient. Dies konnte jedoch nicht verhindern, dass zahllose Kriege geführt wurden und auch ein neuer Weltkrieg mit noch größeren Gräueln über die Welt kam. Dies alles zeigt, wohin es kommt, wenn „die Gemeinschaft, die die Natur beiden (allen) Völkern gegeben hat", wie Camillus dem Falisker entgegenhält (Kap. 4 II), missachtet wird. Das Verhalten des Camillus hat gezeigt, wie die Achtung des Naturrechts in einer kriegerischen Situation den Hass lösen und die meschliche Gemeinschaft wiederherstellen kann. Wieviel Unmenschlichkeit, Leid und Elend könnten der Menschheit erspart bleiben, wenn das Naturrecht wirklich geachtet würde.

Eine besonders menschenverachtende Form der Gewalt sind die immer wieder vorkommenden Entführungen und die Selbstmordattentate, mit denen völlig unschuldige und ahnungslose Menschen in den Tod gerissen oder für ihr ganzes Leben Folgen schwerer Verletzungen zu tragen haben. Dass es Menschen gibt, die zu solchen Akten der Grausamkeit und der Menschenverachtung fähig sind, ist eine Tatsache, die nicht zu begreifen ist. Wenn man dem die im Naturrecht begründeten „Gebote des Rechts" gegenüberstellt, die Ulpian formuliert hat, wird der ganze Abgrund deutlich, der diese Grausamkeiten gegen die Menschlichkeit von einem menschenwürdigen Leben trennt. Ulpian sagt: „Die Gebote des Rechts sind folgende: Ehrenhaft (oder sittlich gut) leben, niemanden verletzen, jedem das Seine gewähren" (D. 1, 1, 10, 1). Wie könnte es auf der Welt aussehen, wenn nur diese „Gebote des Rechts" erfüllt würden!

Von der Flucht- und Emigrationswelle nach der Oktoberrevolution in Russland ist auch meine eigene Familie betroffen gewesen. Mein Vater musste im Februar 1918 aus St. Petersburg vor der Revolution nach Finnland fliehen, wo er mit seiner betagten Mutter und dem bloßen Leben ankam. Denn auf der Flucht hat ihnen noch ein russischer Grenzposten alles, was sie an Wertsachen und Geld bei sich hatten, einschließlich der Pässe, abgenommen, sie aber dann doch nicht erschossen. Nochmals mussten wir im September 1939 fliehen, als wir in Käkisalmi am Ladogasee wohnten und uns von der Deutschen Botschaft mitgeteilt wurde, dass wir augenblicklich von dort weg müssen, weil der russische Angriff auf Finnland unmitelbar bevorsteht. Das war der Winterkrieg 1939/40, mit dem Russland sich den Saima-Kanal vom Ladogasee zum Finnischen Meerbusen angeeignet hat. Auch bei dieser Gelegenheit haben wir in unserer Wohnung alles so lassen müssen wie es lag und stand und somit alles verloren. Die ganze Stadt, die aus Holzhäusern bestand, ist im Krieg restlos niedergebrannt worden. Außerdem ist nach dem Krieg dieser Teil Finnlands an Russland gefallen. Unbeschreibliches Elend haben auch die Vertreibungen und Emigrationen nach dem Zweiten Weltkrieg mit sich gebracht. Und auch jetzt ist der „reiche Westen" mit dem Problem konfrontiert, dass Menschen aus Ländern, in denen sie „unmenschliche Lebensbedingungen" zu ertragen haben, ein besseres Leben suchen.

Dieses komplexe Problem kann hier natürlich nicht im Detail erörtert werden. Aber die Achtung vor der Menschenwürde dieser Menschen und die naturrechtliche Verpflichtung zur Hilfe für Notleidende müsste jedenfalls berücksichtigt werden. Ich möchte dazu ein bemerkenswertes Wort von Cicero aus seiner Schrift über die Gesetze zitieren: „Wenn aber die Gerechtigkeit Gehorsam gegenüber den geschriebenen Gesetzen und Einrichtungen der Völker bedeutet, und wenn, wie dieselben Leute sagen, alles nach der Brauchbarkeit (so Büchner, aber *utilitas* hier eher die Nützlichkeit oder der Vorteil) zu messen ist, wird der die Gesetze nicht achten und sie brechen, wenn möglich, der meint, es werde ihm Gewinn bringen. So kommt es, daß überhaupt keine Gerechtigkeit ist, wenn sie nicht von Natur ist, und die, welche aus Nützlichkeit aufgestellt wird, durch diese Nützlichkeit wieder zerstört *(convellitur* eig. niedergerissen) wird, und daß, wenn die Natur das Recht nicht festigt, alle Tugenden aufgehoben werden. Wo wird nämlich Großzügigkeit, wo Liebe zum Vaterland, wo frommer Sinn, wo der Wille, sich um den Nächsten wohl verdient zu machen oder ihm zu danken, entstehen können? Denn dies entsteht daraus, daß wir von Natur geneigt sind, die Menschen zu lieben, was die Grundlage des Rechtes ist" (leg. 1, 42–43). Dies schreibt nicht ein christlicher Autor, sondern ein großer römischer Staatsmann und Philosoph, der bereits 43 v. Chr. wegen seiner unbestechlichen Rechtlichkeit ermordet worden ist. Wo diese Grundlagen verlassen werden, herrschen Gewalt, Mord und alle Arten von „Akten der Barbarei" (Allgemeine Erklärung, Präambel), die bis heute in der Menschheit nicht verhindert werden konnten.

## 3. Zur Achtung der Privatsphäre und das Problem der Überwachung

Art. 8 Abs. 1 der EMRK bestimmt: „Jedermann hat Anspruch auf Achtung seines Privat- und Familielebens, seiner Wohnung und seines Briefverkehrs." Bereits das österreichische Staatsgrundgesetz von 1867 hat mit Art. 10 das Briefgeheimnis geschützt. Art. 10 lautet: „Das Briefgeheimnis darf nicht verletzt und eine Beschlagnahme von Briefen, außer dem Falle einer gesetzlichen Verhaftung oder Haussuchung, nur in Kriegsfällen oder auf Grund eines richterlichen Befehles in Gemäßheit bestehender Gesetze vorgenommen werden." Sowohl Art. 8 EMRK als auch Art. 10 StGG sprechen nur von „Briefverkehr" oder vom „Briefgeheimnis". In beiden Normen ist das Telephon nicht genannt. Für das StGG ist das verständlich, weil im Jahre 1867 das Telephon noch nicht bekannt war. Als Anfang der 70er Jahre bekannt wurde, dass Telephongespräche heimlich abgehört worden waren, argumentierte der damalige österreichische Justizminister Broda, dass Telephone nicht unter den Schutz des Briefgeheimnisses fallen. Dem wurde entgegengehalten, dass der Zweck der Norm der Schutz der privaten Kommunikation ist. Hätte der Gesetzgeber damals das Telephon bereits gekannt, hätte er es zweifellos auch angeführt. Jedenfalls kann keine Rede davon sein, daß er es bewußt ausschließen wollte. Im Sinne der Rechtsanalogie, bei der die gesamte Rechtsordnung berücksichtigt wird, und nicht nur ein bestimmtes Gesetz, ist zudem Art. 8 der Europäischen Menschenrechtskonvention maßgeblich, der die Privatsphäre allgemein schützt und damit auch die private Kontaktaufnahme mit allen dazu geeigneten Mitteln, obwohl auch dort ausdrücklich nur der „Briefverkehr" genannt ist. Die Menschenrechtskommission und der Europäische Gerichtshof haben jedoch den Begriff „correspondance" mit Recht dahin ausgelegt, dass auch Telephongespräche unter diesen Begriff fallen. Allgemein gilt: „Jede Kommunikationsform, die innerstaatlich vergleichbar geregelt und geschützt ist wie die Post, kann auch im Sinne von Art. 8 als ‚correspondance' qualifiziert werden".[4] Hier wäre objektiv klar gewesen, daß alle Gründe für die Anwendung des Analogieschlusses vom Brief auf das Telephon sprechen. Beim Justizminister war jedoch der politische Wille anders gerichtet. Um aber für die Zukunft sicherzustellen, dass der nach Art. 10 GG anerkannte Schutz für das „Fernmeldegeheimnis" auch in Österreich gilt, musste zu Art. 10 StGG ein neuer Art. 10 a vom Verfassungsgesetzgeber beschlossen werden, der lautet: „(1) Das Fernmeldegeheimnis darf nicht verletzt werden. (2) Ausnahmen von der Bestimmung des vorstehenden Absatzes sind nur auf Grund eines richterlichen Befehls in Gemäßheit bestehender Gesetze zulässig." Die Unfähigkeit zu sachgerechter Interpretation führte dazu, dass ein neues Verfassungsgesetz geschaffen werden musste, obwohl die Sache an sich mit den bestehenden Normen bereits geregelt war.

Auch in der Bundesrepublik ist um eine Lösung gerungen worden, die den nötigen Schutz vor Terroranschlägen und sonstigen Verbrechen und die dabei nötige Überwachung in eine Form bringen kann, die mit Art. 10 Abs. 1 GG in Einklang zu bringen ist. Art. 10 Abs. 1 GG lautet: „Das Briefgeheimnis sowie das Post- und Fernmeldegeheimnis sind unverletzlich." Hier ist das Telephon ausdrücklich einbezogen.

## II. Das Naturrecht als Grundlage des Menschenrechtes zum Leben

Das Menschenrecht zum Leben ist das grundlegendste aller Menschenrechte. Daher steht es auch unter den konkreten Menschenrechten an der Spitze der Allgemeinen Erklärung der Menschenrechte und der EMRK. Bei der Allgemeinen Erklärung gehen dem Recht auf Leben zwei Artikel voraus, die mehr allgemeine Grundsätze betreffen. So heißt es im Art. 1: „Alle Menschen sind frei und gleich an Würde und Rechten geboren. Sie sind mit Vernunft und Gewissen begabt uns sollen einander im Geiste der Brüderlichkeit begegnen". Im Art 2 Abs. 1 wird erklärt: „Jeder Mensch hat Anspruch auf die in dieser Erklärung verkündeten Rechte und Freiheiten ohne irgendeine Unterscheidung". Dann wird ausgeführt, was alles nicht zur Unterscheidung führen darf. Im Abs. 2 werden auch alle möglichen staatlichen und politischen Besonderheiten als Gründe für eine Unterscheidung ausgeschlossen. Die Tibeter stehen auch heute unter dem Schutz der Allgemeinen Erklärung, auch wenn dies durch die politische Realität nur theoretisch der Fall ist. Der Grund für die allgemeine Gültigkeit der Menschenrechte ist von Martin Kriele treffend hervorgehoben worden, wenn er, wie bereits oben zitiert, erklärt: „Menschenrechte sind *Naturrecht*. ... Menschenrechte gelten zeitlich gesehen ewig, räumlich gesehen überall in der Welt; sie sind in der Natur oder in Gottes Schöpfung verwurzelt, sie haben den Charakter der Heiligkeit und Unverbrüchlichkeit".[5]

Ein modernes Dokument, das sich umfassend mit dem Lebensschutz befasst und als dessen Grundlage das Naturrecht erkennt, ist die Enzyklika *Evangelium vitae* vom 25. März 1995. Beim Lesen der Enzyklika wird sofort klar, dass Johannes Paul II. über Naturrecht genau in demselben Sinne spricht wie die Philosophen, Juristen und Gesetzgeber seit der vorchristlichen Antike. Er kann auf diese reale „gemeineuropäische Naturrechtstradition" aufbauen. Der Versuch, seine Bezugnahmen auf das Naturrecht dadurch zu entwerten, dass man behauptet, dies sei nur eine religiöse Vorstellung, scheitert an der dargestellten Wirklichkeit des Naturrechts. Daran ändert auch der Umstand nichts, dass der Papst das Naturrecht gelegentlich mit dem Gesetz Gottes gleichsetzt. Die Wirklichkeit des Naturrechts wird dadurch nicht verändert, denn auch Cicero hat erkannt, dass Gott der Schöpfer des Naturrechts ist (Kap. 4, Anm. 5).

Johannes Paul II. sagt in der Nr. 2 der Enzyklika, also gleich am Anfang: „Selbst in Schwierigkeiten und Unsicherheiten vermag jeder Mensch, der in ehrlicher Weise für die Wahrheit und das Gute offen ist, im Licht der Vernunft und nicht ohne den geheimnisvollen Einfluß der Gnade im ins Herz geschriebenen Naturgesetz (vgl. Röm 2,14–15) den heiligen Wert des menschlichen Lebens vom ersten Augenblick bis zu seinem Ende zu erkennen und das Recht jedes Menschen zu bejahen, daß dieses sein wichtigstes Gut in höchstem Maße geachtet werde. Auf der Anerkennung dieses Rechtes beruht das menschliche Zusammenleben und das politische Gemeinwesen." Der Papst geht dann auf die sich wieder ereignenden Verkennungen und Missachtungen der Menschenrechte ein. Ich habe bereits oben (I) einen längeren Text aus *Gaudium et spes* wiedergegeben und was Johannes Paul II. in *Evangelium vitae* (Nr. 3 und 4) dazu geschrieben hat. Hier möchte ich noch einen wichtigen Text betreffend die Ursachen für die in *Gaudium et spes* angeführten Erscheinungen aus derselben Enzyklika zitieren: „Noch einen tiefergehenden Aspekt gilt es zu unterstreichen: die Freiheit verleugnet sich selber, zerstört sich selber und macht sich zur Vernichtung des anderen bereit, wenn sie ihre *grundlegende Verbindung mit der Wahrheit* nicht anerkennt und nicht mehr respektiert. Jedesmal wenn die Freiheit sich von jeder Tradition und Autorität befreien will und sich sich den wesentlichen Klarheiten einer objektiven und gemeinsamen Wahrheit als dem Fundament für das persönliche und soziale Leben verschließt, hört der Mensch auf, als einzigen und unanfechtbaren Anhaltspunkt für seine Entscheidungen … die Wahrheit über Gut und Böse anzunehmen, sondern nur noch seine subjektive und wandelbare Meinung oder gar sein egoistisches Interesse und seine Laune" (EV 19). In der anschließenden Nr. 20 steht: „In dieser Auffassung von Freiheit *wird das soziale Zusammenleben tiefgreifend entstellt.*" Der Papst sagt dann weiter: „So schwindet jeder Bezug zu gemeinsamen Werten und zu einer für alle geltenden absoluten Wahrheit: das gesellschaftliche Leben läuft Gefahr, in einen vollkommenen Relativismus abzudriften. Da läßt sich *alles vereinbaren, über alles verhandeln:* auch über das erste Grundrecht, das Recht auf Leben" (EV 20).

Es ist eine sehr verbreitete Meinung, sogar unter Bischöfen der katholischen Kirche, dass dann, wenn eine demokratische Mehrheit Gesetze beschließt, die das Recht auf Leben missachten, man den demokratischen Willen akzeptieren müsse. Es ist zwar wahr, was Kardinal Lehmann festgestellt hat, dass auch der Papst nicht die Macht hat, die Gültigkeit eines Gesetzes eines bestimmten Staates aufzuheben, auch wenn er es als ungerecht ansieht. Aber es ist ebenso wahr, dass der Papst berechtigt und sogar verpflichtet ist zu sagen, dass ein Gesetz, das dem Naturrecht widerspricht, kein gültiges Gesetz ist. In besonders feierlicher Form schreibt er dies in *Evangelium vitae,* Nr. 72:

„Mit der Autorität, die Christus Petrus und seinen Nachfolgern übertragen hat, erkläre ich deshalb in Gemeinschaft mit den Bischöfen (…), daß die direkte, das heißt als Ziel oder Mittel gewollte Abtreibung immer ein schweres sittliches Vergehen darstellt, nämlich die vorsätzliche Tötung eines unschuldigen Menschen. Diese Lehre ist auf dem Naturrecht und auf dem geschriebenen Wort Gottes begründet, von der Tradition der Kirche überliefert und vom ordentlichen und allgemeinen Lehramt der Kirche gelehrt (Hinweis auf Lumen gentium 25)." Ich darf hier erwähnen, dass der „Lehrmäßige Kommentar zur Schlußformel der Professio fidei" vom 29. Juni 1998, gezeichnet von +Joseph Card. Ratzinger, den Satz betreffend das Naturrecht wörtlich zitiert. In der Enzyklika lautet die Fortsetzung des Textes:

„Kein Umstand, kein Zweck, kein Gesetz wird jemals eine Handlung für die Welt statthaft machen können, die in sich unerlaubt ist, weil sie dem Gesetz Gottes widerspricht, das jedem Menschen ins Herz geschrieben, mit Hilfe der Vernunft selbst erkennbar und von der Kirche verkündet worden ist" (EV 72).

Es ist hier nicht möglich, alle wichtigen Aussagen der Enzyklika vorzuführen, die das Gesagte bekräftigen. Einen Text jenes päpstlichen Lehrschreibens Johannes Pauls II., der die katastrophalen Folgen solcher Gesetzgebung verdeutlicht, muss ich jedoch noch wiedergeben:

„Auf diese Weise beschreitet die Demokratie ungeachtet ihrer Regeln den Weg eines substantiellen Totalitarismus. Der Staat ist nicht mehr das ‚gemeinsame Haus', in dem alle nach den Prinzipien wesentlicher Gleichheit leben können, sondern er verwandelt sich in einen *tyrannischen Staat,* der sich anmaßt, im Namen einer allgemeinen Nützlichkeit – die in Wirklichkeit nichts anderes als das Interesse einiger weniger ist – über das Leben der Schwächsten und Schutzlosesten, vom ungeborenen Kind bis zum alten Menschen, verfügen zu können.

Alles geschieht scheinbar ganz auf dem Boden der Legalität, zumindest wenn über die Gesetze zur Freigabe der Abtreibung und der Euthanasie nach den so genannten demokratischen Regeln abgestimmt wird. In Wahrheit stehen wir lediglich einem tragischen Schein von Legalität gegenüber, und das demokratische Ideal, das es tatsächlich ist, wenn es denn die Würde jeder menschlichen Person anerkennt und schützt, *wird in seinen Grundlagen selbst verraten:* ‚Wie kann man noch von Würde jeder menschlichen Person reden, wenn die Tötung des schwächsten und unschuldigsten Menschen zugelassen wird? Im Namen welcher Gerechtigkeit begeht man unter den Menschen die ungerechteste aller Diskriminierungen, indem man einige von ihnen für würdig erklärt verteidigt zu werden, während anderen diese Würde abgesprochen wird?'. Wenn diese Zustände eintreten, sind bereits jene Dynamismen ausgelöst, die zum Zerfall eines echten menschlichen Zusammenlebens und zur Zersetzung der staatlichen Realität führen.

Das Recht auf Abtreibung, Kindestötung und Euthanasie zu fordern und es gesetzlich anzuerkennen heißt der menschlichen Freiheit eine *perverse, abscheuliche Bedeutung* zuzuschreiben: nämlich die einer *absoluten Macht über die anderen und gegen die anderen.* Aber das ist der Tod der wahren Freiheit" (EV 20).

Die Sorgfalt und Eindringlichkeit, mit der *Evangelium vitae* die mit der „Verkennung und Mißachtung" des Menschenrechtes zum Leben verbundenen Folgen darstellt, sind leider so gut wie nicht beachtet worden. Die Entwicklung in Richtung der Missachtung aller Menschenrechte geht fast ungehemmt weiter. Ein besonders schwerwiegendes Problem hat sich durch die Einführung einer neuen Definition des Todes als „Hirntod" durch die Harvard Medical School im Jahre 1968 ergeben.


## III. Das Problem des „Hirntods" und der Organtransplantation

Die großen Fortschritte der Transplantationsmedizin haben es möglich gemacht, menschliches Leben durch die Transplantation von Organen eines anderen Menschen zu retten. Diese Möglichkeit hat weltweit einen enormen Bedarf nach übertragbaren Organen entstehen lassen. Lange Wartelisten auf Organe existieren. Dies hat einen starken Druck erzeugt, die Beschaffung solcher Organe zu erleichtern.

Dr. David Hill von der Universität Cambridge (England) hat bei dem Kongress von 2005, auf den ich noch näher eingehen werde, an das medizinische Problem erinnert, dass Organe eines wirklich bereits gestorbenen Menschen für die Übertragung weitgehend nicht mehr brauchbar sind. Es musste also ein Weg gefunden werden, die Organe vor dem wirklichen Tod entnehmen zu können. Das „Hirntodkriterium" bot sich als Lösung dieses Problems an. So hat im Jahre 1968 ein Ad-hoc-Komitee der Harvard Medical School eine neue Definition des Todes eingeführt, das so genannte „Hirntodkriterium". Dieses Kriterium hatte, wie aus dem Text der Stellungnahme klar wird, nicht den Zweck, den objektiven Zeitpunkt des Todes eines Menschen festzustellen, sondern ersichtlich den ausschließlichen Zweck, die Entnahme vitaler Organe eines Sterbenden zu ermöglichen, solange sie noch für die Transplantation brauchbar sind. Prof. Ralph Weber von der Universität Rostock schrieb dazu: „,So rein' das Interesse an der Organerhaltung zur Rettung anderer Leben an sich auch sein mag, so beeinträchtigt diese Zielgerichtetheit doch den Versuch einer objektiven Definition des Todes; er gerät vielmehr im Interesse der Transplantationsmedizin zur Verhandlungssache – und das kann und darf nicht sein. Daher muss die Berechtigung des Hirntodkonzepts unabhängig von den Möglichkeiten der Organverpflanzung beantwortet werden" (Zeitschrift für Lebensrecht 11, 2002, 104).

Papst Johannes Paul II. hatte bereits in einer Stellungnahme am 14. Dezember 1989 für einen von der Päpstlichen Akademie der Wissenschaften veranstalteten Kongress über die Bestimmung des Todeszeitpunktes erklärt: „Es scheint sich tatsächlich ein tragisches Dilemma aufzutun: Einerseits sieht man die dringende Notwendigkeit, Ersatzorgane für Kranke zu finden, die in ihrer Schwäche sterben würden oder zumindest nicht wieder genesen können. Mit anderen Worten, es ist verständlich, dass ein Kranker, um dem sicheren oder drohenden Tod zu entgehen, das Bedürfnis hat, ein Organ zu empfangen, welches von einem anderen Kranken bereitgestellt werden könnte, ... In dieser Situation zeigt sich jedoch die Gefahr, dass man einem menschlichen Leben ein Ende setzt und endgültig die psychosomatische Einheit einer Person zerstört. Genauer, es besteht eine wirkliche Wahrscheinlichkeit, dass jenes Leben, dessen Fortsetzung mit der Entnahme eines lebenswichtigen Organs unmöglich gemacht wird, das einer lebendigen Person ist, während doch der dem menschlichen Leben geschuldete Respekt es absolut verbietet, dieses direkt und positiv zu opfern, auch wenn dies zum Vorteil eines anderen Menschen wäre, bei dem man es für berechtigt hält, ihn derart zu bevorzugen." Inzwischen ist diese „wirkliche Wahrscheinlichkeit" durch dokumentierte Fälle erwiesen, in denen nach der „Hirntoddiagnose" den für tot Erklärten die Organe nicht entnommen werden konnten, weshalb sie überlebt haben und wieder gesund geworden sind, darunter junge Menschen, die noch das ganze Leben vor sich hatten. Ein besonders dramatisches Beispiel ist das des Priesters Vittorio Mazzucchelli vom Institut Christus König und Hoher Priester. Nach einem schweren Autounfall wurde er für hirntot erklärt. Der Generalobere des Instituts protestierte jedoch gegen die Organentnahme und verlangte die Verlegung in ein anderes Krankenhaus. Durch die dort erfolgte Pflege kam er wieder zum Bewusstsein und wurde schließlich so weit geheilt, dass er seinem priesterlichen Dienst wieder nachgehen kann, zunächst noch an den Rollstuhl gebunden, inzwischen jedoch auch davon befreit. Niemand wird bestreiten können, dass er durch die vorgesehene und bereits vorbereitete Organentnahme getötet worden wäre.

Das in solchen Fällen zu hörende Argument: Dann war die Hirntod-Diagnose falsch und daher beweise der Fall nichts gegen ihre Gültigkeit, ist in sich falsch. Denn die Hirntod-„Diagnose" ist, wie hervorragende Wissenschaftler bei dem Kongress am 3. und 4. Februar 2005 bei der Päpstlichen Akademie der Wissenschaften festgestellt haben, nicht eine „Diagnose", sondern eine Prognose, die immer falsch oder richtig sein kann. Ob sie falsch war, erfährt man jedoch nur, wenn dem Patienten die Organe nicht entnommen wurden. Wenn sie entnommen wurden, ist der Patient unwiderruflich tot. Daher kann man auch nicht sagen, wie viele Menschen seit Einführung des Hirntodkriteriums effektiv durch Organentnahme getötet worden sind. Nach den inzwischen gemachten Erfahrungen wird man annehmen müssen, dass die Zahl sehr hoch ist.

In der Enzyklika *Evangelium vitae* hat Johannes Paul II. zu Problemen der Euthanasie festgestellt: „Und auch angesichts anderer, heimlicherer, aber nicht minder schwerwiegender und realer Formen von Euthanasie dürfen wir nicht schweigen. Sie könnten sich zum Beispiel dann ereignen, wenn man, um mehr Organe für Transplantationen zur Verfügung zu haben, die Entnahme dieser Organe vornimmt, ohne die objektiven und angemessenen Kriterien für die Feststellung des Todes des Spenders zu respektieren" (Nr. 15).

Der Papst hat hier noch in der Möglichkeitsform „könnten" gesprochen. Inzwischen sind solche Organentnahmen mit Hilfe des Hirntodkriteriums weltweit Realität. Auch kirchliche Institutionen haben sich unbesehen dem „Harvard report" angeschlossen. So hat sogar die Päpstliche Akademie für das Leben im August 2000 eine Botschaft des Papstes für den XVIII. Internationalen Kongress der Transplantation Society vorbereitet, die eine Zustimmung des Papstes zum Hirntodkriterium hätte bewirken sollen. Der Text ging zunächst an die Glaubenskongregation, zu einer Zeit, als Kardinal Ratzinger nicht in Rom war. Die Glaubenskongregation hat in Abwesenheit ihres Präfekten Präzisierungen in den Text eingefügt, betreffend die moralische Sicherheit und den informierten Konsens, die, wie inzwischen nachgewiesen wurde, schon für sich die Anwendung des Hinrntodkriteriums deswegen ausschließen, weil diese Sicherheit eben objektiv nicht erreichbar ist. Der Text wurde jedoch dann dem Papst zugeleitet und die Ansprache wurde in der korrigierten Form gehalten.

Diese Rede wurde aber dann sofort als päpstliche Bestätigung des Hirntodkriteriums interpretiert. Als hochrangige amerikanische Wissenschaftler dem Papst ihre Bedenken in der Sache zu unterbreiten wagten, war die Mehrheit des Consiglio Direttivo der Päpstlichen Akademie für das Leben, wie ich als Angehöriger der Minderheit bezeugen kann, empört über diesen „Ungehorsam" dem Papst gegenüber. Die vorgetragenen Bedenken haben jedoch den Heiligen Vater dazu bewogen, eine neuerliche Prüfung der „Zeichen des Todes" durch einen neuen Kongress durchführen zu lassen. Dieser Kongress, zu dem nun auch die amerikanischen Wissenschaftler eingeladen wurden, fand am 3. und 4. Februar 2005 bei der Päpstlichen Akademie der Wissenschaften im Vatikan statt. Bei diesem Kongress haben sich hervorragende Wissenschaftler bemüht, „im Rahmen eines eingehenden interdisziplinären Studiums erneut das spezifische Problem der ‚Zeichen des Todes' zu untersuchen, durch die der klinische Tod eines Menschen mit moralischer Gewißheit bestimmt werden kann" (Johannes Paul II. in seinem Schreiben an die Päpstliche Akademie der Wissenschaften vom 1. Februar 2005, wohl eine der letzten Botschaften vor seinem Tod). Aus dem Schlussdokument dieser Tagung: „Conclusions After Examination Of Brain-Related Criteria For Death" können hier nur zwei der wichtigsten Ergebnisse wiedergegeben werden.

In der Nr. 10 der 13 Abschnitte umfassenden „Conclusions" wird gesagt: „Es gibt einen überwältigenden medizinischen und wissenschaftlichen Befund, daß das vollständige und unwiderrufliche Ende der Gehirntätigkeit (im Großhirn, Kleinhirn und Hirnstamm) kein Beweis für den Tod ist. Der vollkommene Stillstand von Gehirnaktivität kann nicht hinreichend festgestellt werden. Irreversibilität ist eine Prognose und nicht eine medizinisch feststellbare Tatsache. Wir behandeln heute viele Patienten mit Erfolg, die in der jüngsten Vergangenheit als hoffnungslose Fälle betrachtet worden waren.

11. Eine Diagnose des Todes durch neurologische Kriterien allein ist Theorie, keine wissenschaftliche Tatsache. Sie reicht nicht aus, die Lebensvermutung zu überwinden."

Dann heißt es:

„12. Kein Gesetz sollte überhaupt versuchen, einen Akt als legal hinzustellen, der in sich ein Übel ist." Dazu wird der Text von *Evangelium vitae* (Nr. 90) wiedergegeben: „Ich wiederhole noch einmal, daß eine Vorschrift, die das natürliche Recht auf Leben eines Unschuldigen verletzt, unrecht ist und als solche keinen Gesetzeswert haben kann. Deshalb erneuere ich mit Nachdruck meinen Appell an alle Politiker, keine Gesetze zu erlassen, die durch Mißachtung der Würde der Person das bürgerliche Zusammenleben selber an der Wurzel bedrohen."

„13. Das Beenden eines unschuldigen Lebens bei dem Versuch, ein anderes Leben zu retten, wie es im Falle der Transplantation von unpaarigen lebenswichtigen Organen geschieht, mildert nicht das Übel, einem unschuldigen Menschen das Leben zu nehmen. Böses darf nicht getan werden, damit Gutes daraus entstehen möge."

Das Schlussdokument wurde von 15 der 25 Teilnehmer an der Tagung unterzeichnet. Damit liegt jetzt die von Papst Johannes Paul II. erbetene neuerliche Klärung der „Zeichen des Todes" vor, die klarerweise die Aussagen des Papstes vom Jahre 2000 korrigiert, aber dies eben auf Wunsch des Heiligen Vaters selbst und sozusagen als sein Vermächtnis im Zusammenhang mit *Evangelium vitae.*

Man müßte meinen, dass die zuständigen kirchlichen Stellen für diese Großtat des Papstes so kurz vor seinem Tod und für das Ergebnis sorgfältigster wissenschaftlicher Forschung, das dabei vorgelegt wurde, hätten dankbar sein sollen. Aber nein! Bischof Marcélo Sánchez Sorondo, der Kanzler der Päpstlichen Akademie der Wissenschaften, für den die Ergebnisse dieser Tagung ein Schock waren, verbot die Publikation der Akten. Also, die Ergebnisse durften nicht einmal publiziert werden! Inzwischen ist jedoch auch zu den Medien durchgedrungen, dass es als Folge des Publikationsverbots durch die Päpstliche Akademie der Wissenschaften zum Problem *Finis Vitae* ein Buch gibt, das vom Vizepräsidenten des Consiglio Nazionale delle Ricerche,

Roberto de Mattei, 2006 in englischer Sprache und 2007 auf Italienisch herausgegeben wurde. Es enthält teils Texte von Teilnehmern am Kongress von 2005 oder von solchen, die zum Kongress wegen ihres Textes erst gar nicht zugelassen wurden, wie ich selbst beispielsweise. Ungeachtet dieser Tatsachen musste „Die Tagespost" (6.9.2008) berichten: „Kardinal Javier Lorenzo Barragan, der Präsident des Päpstlichen Rats für die Krankenpastoral, ließ gegenüber der Nachrichtenagentur Ansa erklären, die katholische Kirche folge den Aussagen der Wissenschaft, wonach der Tod eines Menschen festzustellen sei, wenn sechs Stunden keine Gehirnströme mehr gemessen werden könnten, unabhängig davon, ob der Körper des Betreffenden künstlich beatmet werde und das Herz noch schlägt." Kardinal Barragan hat „die Wissenschaft" offenbar mit dem „Harvard report" identifiziert, der erklärtermaßen kein Ergebnis wissenschaftlicher Forschung war, sondern die allein vom Zweck der Organbeschaffung diktierte „neue Definition" des Todes. Die wirklichen wissenschaftlichen Ergebnisse hätte Kardinal Barragan den „Conclusions" des Kongresses von 2005 entnehmen können. Sie sind ihm aber offenbar durch das Publikationsverbot der Päpstlichen Akademie der Wissenschaften nicht zur Kenntnis gekommen. Wenn die katholische Kirche wirklich „den Aussagen der Wissenschaft" folgen will, dann muss sie auch die vom Papst Johannes Paul II. erbetene und vom Kongress von 2005 gegebene Klarstellung zur Kenntnis nehmen. Aber die Päpstliche Akademie der Wissenschaften hat sich bisher geweigert, das zu tun. Sie hat vielmehr öffentlich jene der Ignoranz geziehen, die es wagten, Zweifel am Hirntodkriterium anzumelden. Dabei geht es um international anerkannte Leiter von Kliniken, die wahrhaftig wissen, wovon sie reden. Besonders eindrucksvoll ist der Weg zur Wahrheit in dieser Frage bei Prof. Alan Schewmon, M.D. (USA). Nach längerem Ringen um die Wahrheit in dieser Frage und nach inzwischen gemachten klinischen Erfahrungen ist er zu der Überzeugung gekommen, dass der so genannte „Hirntod" in der Tat nicht den Tod des Menschen bedeuten kann. Er hat dies in zahlreichen Publikationen zeigen können. Dies wird auch aus einem mir zugänglich gewordenen Schreiben von Dr. David M. Hargroder vom 26. Februar 2003 besonders deutlich. Nachdem Hargroder selbst durch viele Jahre Organtransplantation praktiziert hatte, sind ihm zunehmende Zweifel am wirklichen Tod des „Hirntoten" gekommen. Denn bei der Entnahme etwa des Herzens eines „Hirntoten" für die Transplantation musste das noch schlagende Herz entweder durch eine Injektion oder durch andere Maßnahmen zum Stillstand gebracht werden. Diese Maßnahmen haben ihn offenbar an der „moralischen Gewißheit" des Todes des Patienten zweifeln lassen und vielmehr davon überzeugt, dass er bei diesen Maßnahmen eine Tötung vornimmt. Der gängige Terminus: „Heart Beating Cadaver Donors" vermochte nicht mehr die Realität der Tötungshandlung zu verschleiern. Inzwischen kann man sogar das noch schlagende Herz herausnehmen, aber man nimmt es eben dem betreffenden Menschen weg und macht damit seinen Tod definitiv.

Ein 1995 vom Bayrischen Rundfunk ausgestrahlter Fernsehfilm hat sich eingehend mit dem Problem des Hirntods auseinandergesetzt. In diesem Film wurde unter anderem der Fall von Jan Kerkhoffs berichtet, bei dem nach einem Autounfall mit Schädel-Hirn-Trauma Hirntod diagnostiziert wurde. Seine Frau wurde gebeten, die Organentnahme zu erlauben. Die Frau aber war auf Grund der Tatsache, dass Herzfunktion, Blutdruck und alle anderen Lebensfunktionen normal waren, der Überzeugung, dass ihr Mann lebt. Daher gab sie nicht die Zustimmung zur Organentnahme. Tatsächlich erwachte der Mann wieder aus der Bewusstlosigkeit, wurde geheilt und lebt wieder gesund. Er konnte in dem Fernsehfilm mit seiner Frau gemeinsam über die Vorgänge um diese Hirntoderklärung berichten. Dieser Film hatte dann jedoch, wie mir berichtet wurde, für die Redakteurin die Folge, dass ihr die Wiederholung solcher Sendungen von der Leitung untersagt wurde. Man darf solche für die Transplantationsmedizin unangenehme Tatsachen nicht über das Fernsehen bekannt machen. Mir ist auch ein Fall bekannt, bei dem zwei Jugendliche nach Motorradunfällen mit Schädel-Hirn-Traumata bei unterschiedlicher Reaktion der behandelnden Ärzte unterschiedliche Schicksale hatten. Den einen hat der im betreffenden Krankenhaus arbeitende Transplantationsbeauftragte sofort mit dem Hubschrauber in das Allgemeine Krankenhaus (AKH) in Wien transportieren lassen, wo ihm die Organe entnommen wurden. Beim anderen hat es der behandelnde Arzt im Krankenhaus verhindern können, dass er abtransportiert wurde. Sein Unfall geschah gerade kurz vor seiner Matura im Sommer. Er wurde in der Intensivstation behandelt und gerettet. Im Herbst konnte er seine Matura nachholen. Wäre er auch ins AKH nach Wien geflogen worden, wie es der Transplantationsbeauftragte wollte, der den Hubschrauber bereits bestellt hatte, hätte es keine Matura mehr gegeben, sondern nur eine Beerdigung. Der brasilianische Arzt Cicero G. Coimbra hat nachgewiesen, dass gerade bei Kindern und Jugendlichen bestimmte Behandlungsmethoden bei Schädel-Hirn-Trauma die Rettung bewirken können, dass aber gerade bei diesen das Interesse an den wertvollen Organen so überwiegt, dass die Rettung meist gar nicht erst versucht wird.

Der Professor für Kinderheilkunde an der Medizinischen Universität in Ohio (USA), Dr. Paul Byrne, hat bereits 1975 eine Erfahrung gemacht, die ihm die Problematik des Hirntodkriteriums vor Augen geführt hat. Ein Kind, Patient Joseph, war bereits sechs Wochen künstlich beatmet worden und das EEG wurde als dem Hirntod entsprechend interpretiert. Dr. Byrne hat aber die Organe nicht entnommen und die Behandlung fortgesetzt. Das Kind wurde gerettet. Zum Zeitpunkt des Berichtes über diesen Fall war Joseph bereits verheiratet und Vater von zwei Kindern. Beruflich war er Feuerwehrmann mit medizinischen Interessen. Hätte Byrne nach den Kriterien der Hirntod-Diagnose gehandelt, wäre dieses Leben definitiv zerstört worden. Diese klinische Erfahrung hat ihm bereits 1975 die Gewissheit gegeben, dass der Hirntod nicht den Tod des Menschen bedeuten kann.

Die von so vielen hochqualifizierten Fachleuten seit so vielen Jahren gewonnenen Erkenntnisse haben die Ergebnisse des Kongresses von 2005 möglich gemacht. Gleichwohl wagt es die Päpstliche Akademie der Wissenschaften all diesen vorzuwerfen, dass sie Ignoranten seien, weil sie das Harvard-Dogma nicht annehmen. Dies ist eigentlich eine unfassliche Ungeheuerlichkeit. Sie wird durch den Umstand noch unfasslicher, dass ja Papst Johannes Paul II. aus den ihm zugekommenen Bedenken erkannte, dass er im Jahre 2000 von der Päpstlichen Akademie für das Leben zu einer Erklärung verleitet worden war, die ungenau und missverständlich war. Im Hinblick auf diese Erkenntnis hat er eine nochmalige Klärung dieser Frage gewünscht. Diese ist mit dem Kongress im Februar 2005 so erfolgt, dass weitere Untersuchungen an diesem Ergebnis nichts ändern können. Bei dem Hirntodkriterium zeigt sich, wie mit einem definitorischen Trick einer – hohes Ansehen genießenden – Harvard Medical School das Menschenrecht auf Leben der „Organspender" unterlaufen wird. Dem Lebensrecht der Organempfänger wird dagegen absoluter Vorrang zuerkannt. Mahnende Aussagen von Johannes Paul II., wie die vom 14. Dezember 1989 und *Evangelium vitae* (Nr. 15), werden auch von Päpstlichen Akademien ignoriert. Der Papst hatte mit vollem Recht gesagt, „es besteht eine wirkliche Wahrscheinlichkeit, dass jenes Leben, dessen Fortsetzung mit der Entnahme eines lebenswichtigen Organs unmöglich gemacht wird, das einer lebendigen Person ist, während doch der dem menschlichen Leben geschuldete Respekt es absolut verbietet, dieses direkt und positiv zu opfern, auch wenn dies zum Vorteil eines anderen Menschen wäre, bei dem man es für berechtigt hält, ihn derart zu bevorzugen." Es ist besonders schmerzlich, dass der frühere Präsident der Päpstlichen Akademie für das Leben zu dem Kongress im November 2008 eingeladen hatte, dessen Ziel es war, die Spendenbereitschaft zu fördern, ohne auf das Problem des Preises dafür einzugehen. Der Preis dafür ist ohne jeden Zweifel, dass durch die Anwendung des

Hirntodkriteriums das Leben des Spenders in sehr vielen Fällen vorzeitig beendet wird. Papst Benedikt XVI. hat deswegen in seiner Ansprache vom 7. November 2008 sehr mit Recht zur Vorsicht gemahnt und erklärt: „In diesen Fällen muß auf jeden Fall immer die Achtung vor dem Leben des Spenders als Hauptkriterium gelten, so daß die Organentnahme nur im Falle seines tatsächlichen Todes erlaubt ist".[6] Dass der Hirntod nicht der tatsächliche Tod ist, geht schon aus der Tatsache hervor, dass die Hirntod-Definition genau zu dem Zweck eingeführt wurde, Organe entnehmen zu können, solange der Mensch noch nicht tatsächlich tot ist. Denn nach seinem tatsächlichen Tod sind die Organe für die Transplantation nicht mehr brauchbar. Das ist genau das „Dilemma", auf das Papst Johannes Paul II. bereits 1989 klar hingewiesen hatte. Mit der zitierten Aussage hat Papst Benedikt XVI. sachlich die Hirntod-Definition bereits ausgeschlossen. Denn spätestens seit dem Kongress von 2005 kann niemand mehr behaupten, dass der Hirntod der „tatsächliche" Tod des Menschen ist. Der Papst sagt: „Die Wissenschaft hat in diesen Jahren weitere Fortschritte bei der Feststellung des Todes des Patienten gemacht. Es ist also gut, daß die erreichten Ergebnisse die Zustimmung der gesamten wissenschaftlichen Gemeinschaft erhalten, um so die Suche nach Lösungen zu begünstigen, die allen Sicherheit geben sollen". Die Ergebnisse des Kongresses von 2005 gehören zweifellos zu diesen weiteren Fortschritten. Nur hat sich gezeigt, dass die „wissenschaftliche Gemeinschaft" zu einem großen Teil nicht bereit ist, diesen Ergebnissen zuzustimmen. Und selbst die Päpstliche Akademie der Wissenschaften weigert sich bisher gegen mögliches besseres Wissen dies zu tun. Immerhin ist aber jetzt klar, dass auch die Hirntod-Definition niemals „die Zustimmung der gesamten wissenschaftlichen Gemeinschaft" haben wird können. Dem steht das bereits zitierte Ergebnis des Kongresses von 2005 entgegen: „Es gibt einen überwältigenden medizinischen und wissenschaftlichen Befund, daß das vollständige und unwiderrufliche Ende der

Gehirntätigkeit (im Großhirn, Kleinhirn und Hirnstamm) kein Beweis für den Tod ist." In dieser Situation ist die Aussage von Papst Benedikt von entscheidender Bedeutung: „In einem Bereich wie diesem darf es nicht den geringsten Verdacht auf Willkür geben, und wo die Gewißheit noch nicht erreicht sein sollte, muß das Prinzip der Vorsicht vorherrschen". Der Papst hatte auch festgehalten: „Es ist auf jeden Fall notwendig daran zu erinnern, daß die einzelnen lebenswichtigen Organe ausschließlich *ex cadavere* entnommen werden können". Dieses Kriterium für sich allein hätte für die Vertreter des Hirntods keine Schwierigkeit bedeutet, denn der „Hirntote" wird ja gerade als „Kadaver mit schlagendem Herzen" verstanden. Daher sind die weiteren Präzisierungen durch Papst Benedikt XVI. so wichtig. Weil aber bisher die wichtigen Aussagen von Johannes Paul II., die zweifellos lehramtliche Aussagen sind, nicht ernstgenommen wurden, ist zu befürchten, dass auch die Aussagen von Papst Benedikt XVI. nicht als Ablehnung des Hirntodkriteriums verstanden werden. Solange keine klare Ablehnung des Hirntodkriteriums als solchem durch das kirchliche Lehramt erfolgt ist, fühlen sich auch katholische Ärzte und Krankenhäuser zur Tötung durch Organentnahme berechtigt. Es ist ihnen offenbar gleichgültig, dass unabhängig vom kirchlichen Lehramt die Annahme des Hirntodes sorgfältigsten und unabweisbaren wissenschaftlichen Erkenntnissen widerspricht, die es objektiv unmöglich machen, das Hirntodkriterium mit gutem Gewissen zu praktizieren.

Das Schweigen des Lehramtes der Kirche in dieser Frage gibt jedoch einer zweifellos mörderischen Praxis nach wie vor ein „gutes Gewissen". Dieses „gute Gewissen" wird noch durch Stellungnahmen der Päpstlichen Akademie der Wissenschaften, des Präsidenten des Päpstlichen Rats für die Krankenpastoral und jedenfalls unter dem früheren Präsidenten auch der Päpstlichen Akademie für das Leben offiziell unterstützt. Mir ist vom früheren Präsidenten der Päpstlichen Akademie für das Leben versichert worden, dass die Annahme des Hirntodkriteriums berechtigt sei, solange das Lehramt der Kirche nicht definitiv das Gegenteil gesagt habe. Aus dem gleichen Grunde sei aber auch ich berechtigt, diese Meinung nicht zu teilen. Angesichts der ungeheuren Folgen dieses Schweigens des Lehramtes müsste doch endlich auch an das „dürfen wir nicht schweigen" in *Evangelium vitae* (Nr. 15) gedacht werden. Die Kirche ist zur Verkündigung der Wahrheit verpflichtet, auch wenn die Welt sie nicht hören will. Es ist natürlich damit zu rechnen, dass sich in diesem Falle ein vielleicht noch größerer Sturm der Entrüstung erheben wird als im Falle der Enzyklika *Humanae vitae*. Denn hier geht es nicht nur um eine moralische Frage, sondern auch um ein riesiges Geschäft. Dennoch darf die Kirche nicht durch Schweigen das falsche „gute Gewissen" fördern. Die Hilfe, die Papst Johannes Paul II. der Kirche so kurz vor seinem Tode mit der neuerlichen Klärung der „Zeichen des Todes" durch den Kongress von 2005 geschenkt hat, kann doch nicht einfach ignoriert werden. Daher bleibt nur zu hoffen, dass diese Hilfe durch eine klare Erklärung zum Hirntodkriterium durch die Glaubenskongregation auch angenommen wird.

## IV. Zum Lebensrecht des ungeborenen Kindes

Im Zusammenhang mit dem Lebensrecht des ungeborenen Kindes haben sich besondere Fragen und Probleme gestellt. Deswegen ist es nötig, diesen Aspekt des allgemeinen Menschenrechtes zum Leben gesondert ins Auge zu fassen. Die Probleme beginnen schon damit, dass die Rechtsstellung des ungeborenen Kindes in verschiedenen Rechtsordnungen verschieden geregelt ist. Das „Allgemeine Landrecht für die Preussischen Staaten" von 1794, das eines der „Naturrechtsgesetzbücher" ist, hat noch in I, 1 § 10 bestimmt: „Die allgemeinen Rechte der Menschheit gebühren auch den noch ungebornen Kindern, schon von der Zeit ihrer Empfängniß". Im § 12 wird gesagt: „Bürgerliche Rechte, welche einem noch ungebornen zukommen würden, wenn es zur Zeit der Empfängniß schon wirklich geboren wäre, bleiben demselben auf den Fall, daß es lebendig zur Welt kommt, vorbehalten." Diese Bestimmung dürfte auf die *Institutiones* des Gaius zurückgehen. Dort heißt es: „Diejenigen, die in einer gültigen Ehe empfangen werden, erwerben ihre Rechtsstellung (status) im Zeitpunkt der Empfängnis" (1, 99). In der Entwicklung der deutschen Rechtswissenschaft im 19. Jahrhundert hat sich jedoch eine Abkehr vom Naturrecht und eine Zuwendung zum Rechtspositivismus vollzogen. In den Jahren 1831–33 wurde erstmals eine deutsche Übersetzung der Hauptquellen des römischen Rechts, des *Corpus iuris civilis,* veröffentlicht.[7] In dieser wurde ein für die Rechtsstellung des ungeborenen Kindes wichtiger Text von Ulpian missverstanden und falsch übersetzt. Die Worte: *partus enim antequam edatur, mulieris portio est vel viscerum* (D. 25, 4, 1, 1), wurden folgendermaßen wiedergegeben: „die Leibesfrucht ist, ehe sie geboren wird, ein Theil der Mutter oder des Mutterleibes". Seither steht die Beurteilung der rechtlichen Stellung des ungeborenen Kindes im römischen und teilweise im modernen Recht unter einem Vorverständnis, das die Erfassung der tatsächlichen Rechtslage geradezu unmöglich macht. Der ganze übersetzte Kontext des langen Fragments wird durch eine solche Übersetzung im buchstäblichen Sinne „gegenstandslos", weil es im ganzen Problem des Falles nicht um einen „Teil des Mutterleibes" geht, sondern klarerweise um das ungeborene Kind, von dem der im Fall beteiligte Mann glaubt, dass seine geschiedene Frau es erwartet. Das hätten die Übersetzer eigentlich merken müssen. Dennoch ist die Meinung, dass für die römischen Juristen das ungeborene Kind „bloßer Teil des Mutterleibs"[8] war, geradezu unausrottbar verbreitet. So behauptet etwa Karl-Wilhelm Weeber mit Hinweis auf diese Stelle in einem von ihm herausgegebenen Lexikon:[9] „der Fötus (nasciturus) war nach römischer Rechtsauffassung kein Mensch". Dies ist wirklich eine skandalöse Behauptung, die nur die völlige Unkenntnis der wahren Auffassung der römischen Juristen dokumentiert, die durch den Zusammenhang des zitierten Textes selbst und durch zahlreiche andere Quellen belegt ist. Ich will hier nur an den oben bereits zitierten Text des hochklassischen Juristen Gaius erinnern, der schlicht feststellt: „Diejenigen, die in einer gültigen Ehe empfangen werden, erwerben ihre Rechtsstellung (status) im Zeitpunkt der Empfängnis" (inst.1, 89). Wenn man weiß, welche grundlegende Bedeutung dem *status* einer Person im römischen Recht zukommt, so ist die Feststellung, dass der *status* eines in legitimer römischer Ehe gezeugten Kindes sich nach dem Zeitpunkt der Empfängnis richtet, unvereinbar mit der Vorstellung, das ungeborene Kind sei vor der Geburt „Teil des Mutterleibs". Das Kind ist vielmehr ab dem Zeitpunkt der Empfängnis bereits römischer Bürger mit dem *status* seiner Familie.

Theo Mayer-Maly hat mir brieflich seine Auffassung mitgeteilt, dass die Übersetzung von des besagten Ulpian-Textes im Jahre 1831 auch für die Fassung des § 1 des Bürgerlichen Gesetzbuches (BGB) verantwortlich ist: „Die Rechtsfähigkeit des Menschen beginnt mit der Vollendung der Geburt". In der gesamten Tradition des BGB herrscht die Vorstellung vor, dass das ungeborene Kind im römischen Recht tatsächlich als „Teil der Mutter oder des Mutterleibes" angesehen wurde. So übersetzt auch noch die im Jahre 2005 erschienene Übersetzung der Bücher 21–27 der Digesten diesen Text, obwohl der Übersetzer den gesamten Kontext dieses Textes auch selbst übersetzt hat. Der gesamte Kontext macht jedoch klar, dass der mit „Teil der Mutter oder des Mutterleibes" übersetzte Textteil unmöglich das bedeuten kann. Ich hatte das seit 1998 in mehreren Publikationen aufgezeigt.[10] Im Kontext geht es um die Frage, ab wann der (im gegebenen Fall behauptete) Vater sein Recht an dem Kinde geltend machen kann. Das kann er erst nach der Geburt. Aber es ist das gleiche Kind, von dem Ulpian sagt, dass es vor der Geburt *mulieris portio est vel viscerum*. Die Worte *mulieris portio* müssen im Gegensatz zum Interesse des vermeintlichen Vaters gesehen werden. Im gegenständlichen Fall bestreitet zudem die Frau schwanger zu sein. *Portio* bedeutet auch einfach den rechtlichen „Anteil".[11] Die Worte *mulieris portio* müssen hier als Rechtsposition der Mutter gegenüber den Rechten des präsumtiven Vaters gesehen werden, welche dieser erst nach der Geburt geltend machen kann. Dies entspricht der allgemeinen Regel (in Paul. D. 1, 5, 7).

Und das lateinische Wort *viscera* bedeutet auch nicht einfach „Eingeweide", sondern, neben vielem anderem, wie „das Teuerste od. Liebste, das eigene Kind",[12] auch „Mutterleib" gleichbedeutend mit *uterus* (wie in Ulp. D. 48, 8, 8). Die alte Digestenübersetzung übersetzt diesen Text folgendermaßen: „Wenn es sich ergiebt, dass ein Weib ihrem schwangeren Leibe Gewalt angethan habe, um ihr Kind abzutreiben, so wird sie der Provinzialpräsident verbannen". Hier ist das ungeborene Kind *(partus)* ebenso im „schwangeren Leibe" *(in visceribus)* wie etwa in D. 1, 5, 7 *in utero.* Und es bedeutet ebenso wenig, dass das ungeborene Kind als solches in dem Sinne „Teil des Mutterleibs" wäre, dass ihm keine selbständige rechtliche Existenz zukäme. Das ungeborene Kind ist nach dieser Aussage Ulpians vielmehr auch strafrechtlich geschützt. Die Abtreibung wird mit Exil der Frau bestraft.

Bei einem internationalen Symposion betreffend den Schutz des ungeborenen Kindes an der Università di Roma „La Sapienza" im März 1997 haben Referenten unabhängig voneinander, aber übereinstimmend, den Satzteil aus Ulpians Text dahin interpretiert, dass die römischen Juristen das ungeborene Kind als „Teil des Mutterleibs" angesehen und ihm daher keine eigenständige rechtliche Bedeutung beigemessen hätten. Ein spanischer Referent hat auf Vorhalt des Vorsitzenden Prof. Pierangelo Catalano, dass ich doch gerade vorher gezeigt hätte, dass dies nicht zutreffe, geantwortet, in Spanien sei dies „herrschende Lehre". Es wurde die Meinung vertreten, dass erst bei den Kirchenvätern ein Bewusstsein von der Eigenständigkeit des ungeborenen Kindes als Rechtssubjekt festzustellen sei. Dieses Beispiel hat mir klargemacht, was der von Celsus formulierte Interpretationsgrundsatz auch für jede historische Forschung bedeutet und was herauskommt, wenn man ohne Rücksicht auf den Kontext urteilt. Der Text von Celsus lautet in der neuen Übersetzung: „Es ist unjuristisch, ohne das Gesetz als Ganzes zu berücksichtigen, nach irgendeinem Teil desselben ein Urteil zu sprechen oder ein Gutachten zu erteilen" (D. 1, 3, 24). Für die Forschung an Quellen allgemein müsste man wohl sagen: Es ist unwissenschaftlich und unredlich dazu, einen Text auf der Grundlage eines Satzteiles zu interpretieren, ohne den Kontext zu berücksichtigen, aus dem das Gegenteil dessen hervorgeht, was man dem Satzteil glaubt entnehmen zu können. Dies gilt noch viel mehr, wenn außer dem zu interpretierenden Text zahlreiche andere Texte ganz klar machen, dass die für den interpretierten Satzteil angenommene Bedeutung nicht richtig sein kann.

Im Sinne des spanischen Vorverständnisses diskutiert Blanch Nougués die Frage, weshalb die Kompilatoren den Ulpian-Text (D. 25, 4, 1, 1) nicht in den Titel „Über den Status der Personen" (D. 1, 5) eingeordnet haben. Seine Überlegungen dazu zeigen, dass er einfach nicht weiß, worum es im Text geht.[13] Der sachlich einfache Grund dafür, dass der Text nicht in den Titel „Über den Status der Personen" aufgenommen wurde, ist der, dass er nicht vom *status* des ungeborenen Kindes handelt, sondern von der rechtlichen Beziehung des Kindes zur Mutter und zum Vater. Daher gehen seine Vermutungen völlig am Text vorbei. Der Kommission Justinians war klar, dass der Text nur zum Titel 25, 4 gehört, der lautet: „Über die Untersuchung des Mutterleibes und über die Überwachung der Geburt". Der Titel wurde wohl hauptsächlich für diesen Text geschaffen. Die Mitglieder der Kommission waren nicht auf eine falsche Übersetzung des Textes fixiert. Sie wussten vor allem zweifellos, dass *viscera* nicht nur „Eingeweide" bedeutet und im gegebenen Kontext auch nicht bedeuten kann. Ein spanisches Mitglied der Päpstlichen Akademie für das Leben behauptete gleichwohl, dass *viscera* nur „Eingeweide" bedeuten könne. Ich zeigte ihm daraufhin einen biblischen Text. Die Jerusalemer Bibel übersetzt ihn folgendermaßen: „Legt also an … herzliches Erbarmen, …" (Kol 3,12). Für „herzliches Erbarmen" steht in lateinischen Text *viscera misericordiae* (Col. III,12). Ich fragte ihn, ob in diesem Kontext *viscera* „Eingeweide" heißen kann. Er sah mich etwas verdutzt an und gab dann zu, dass es das wohl nicht heißen kann. Unter den 33 Belegen für *viscera* in der Bibelkonkordanz habe ich nur einen gefunden, der eindeutig „Eingeweide" betrifft. Im Bericht der Apostelgeschichte über das Ende des Judas heißt es, wie die Jerusalemer Bibel übersetzt: „…, und alle seine Eingeweide traten heraus" (1,18). Es kommt also ganz auf den Kontext an, was *viscera* jeweils bedeutet. Die Wahl der für einen gegebenen Kontext unpassendsten Bedeutung kann wohl nur mit der vorweg angenommenen Meinung erklärt werden, dass dem ungeborenen Kind keine eigene rechtliche Bedeutung zukam. Auf keinen Fall aber kann der Satzteil mit *viscera* im gegebenen Kontext bedeuten, dass das ungeborene Kind als „Teil des Mutterleibs" angesehen wurde, weil sich sonst das gesamte rechtliche Problem des in so breiten Einzelheiten von den Kaisern Marcus Aurelius und Lucius Verus ernstgenommenen Falles nicht gestellt hätte. Daher wäre der Teilsatz etwa folgendermaßen zu übersetzen: „Das ungeborene Kind ist bevor es geboren wird (rechtlich) Anteil der Frau und ihrer eigenen Kinder"[14] oder „ihr eigenes Fleisch und Blut". Aber selbst dann, wenn man *viscera* als *uterus* versteht, so ist es doch das ungeborene Kind, das sich im „Mutterleib" befindet. Daran schließt logisch der Satz an, dass der Mann nach der Geburt sein Recht als Vater geltend machen kann. Das geborene Kind ist dasselbe Subjekt wie das Kind vor der Geburt, aber die Rechtsbeziehung des Vaters zu ihm ändert sich. Nun werden seine eigenen Rechte wirksam.

Ganz anders ist die Rechtslage in Österreich. Das ABGB, das, wie das preußische Allgemeine Landrecht ebenfalls zu den „Naturrechtsgesetzbüchern" gehört, hat mit § 22 eine Bestimmung direkt aus dem römischen Recht übernommen. Diese zeigt, dass es schlicht und einfach völlig verfehlt ist, die in der BGB-Tradition entstandene Auffassung betreffend die Rechtsstellung des ungeborenen Kindes auf das römische Recht zu übertragen. Im § 22 ABGB wird bestimmt: „Selbst ungeborene Kinder haben von dem Zeitpunkte ihrer Empfängnis an einen Anspruch auf den Schutz der Gesetze. Insoweit es um ihre und nicht um die Rechte eines Dritten zu tun ist, werden sie als Geborene angesehen". Der in der Sache entsprechende Text von Paulus (D. 1, 5, 7) wird in der neuen Digestenübersetzung folgendermaßen übersetzt: „Das Kind im Mutterleib wird so geschützt, wie wenn es schon auf der Welt wäre, soweit es sich um die Vorteile der Leibesfrucht selbst handelt, obwohl es, ehe es geboren ist, einem anderen keineswegs von Nutzen ist".[15] Dies wird als Teilrechtsfähigkeit verstanden.

Aber hier kam in Österreich die Realität blank zum Vorschein, dass kein Menschenrecht etwas nützt, wenn eine politische Ideologie die Macht hat, darüber hinwegzugehen. Selbst der österreichische Verfassungsgerichtshof hat sich im Jahre 1974 offen der Ideologie angeschlossen, die mit der Fristenlösung über das Lebensrecht des ungeborenen Kindes hinweggegangen ist. Sobald es um die Durchsetzung ideologischer Ziele unter dem Deckmantel des Rechts ging, durften Rechtsnormen keinen dem ideologischen Ziel im Wege stehenden Sinn haben. Dies hat ein kompetentes Mitglied des Verfassungsgerichtshofs im Zusammenhang mit dem Erkenntnis zur Fristenlösung in dankenswerter Offenheit klargestellt. Wilhelm Rosenzweig hat in seinem Beitrag zur Festschrift für Christian Broda[16] offen ausgesprochen, dass für den österreichischen Verfassungsgerichtshof (VfGH) nicht seine verfassungsmäßig zugeordnete Aufgabe maßgeblich war, die Entscheidung einer einfachen Parlamentsmehrheit an der Verfassung zu messen, sondern maßgeblich war vielmehr jene „politische Willensentscheidung", die von der aus dem „Kampf um ihre Programme" siegreich hervorgegangene Partei getragen ist. Rosenzweig sagt dann wörtlich:

„Diese Form der Demokratie darf nicht dadurch bedeutungslos gemacht werden, daß sich die Wähler sagen, daß letzten Endes die Entscheidung nicht von ihnen, sondern vom Verfassungsgericht getroffen wird".[17]

Peter Pernthaler hat dazu treffend festgestellt: „das ist ein Vorgang, den man zurecht als ‚Verfassungsverdrängung' bezeichnet hat und der auf kaltem Wege die normativ objektivierende Funktion des Verfassungsrechts außer Kraft setzt".[18] Ein solcher Vorgang konnte das behauptete Ergebnis nicht rechtfertigen, wonach die Fristenlösung verfassungsmäßig sei. Für diese Behauptung war erklärtermaßen nicht die Verfassung maßgeblich, sondern die politische Willensentscheidung einer politischen Partei. Objektiv ist sie zweifellos verfassungswidrig. Der Verfassungsgerichtshof hat dabei die Interpretationstheorie der Reinen Rechtslehre angewandt, dergemäß dann, „wenn die Anwendung der geltenden Rechtsordnung nach der moralisch-politischen Anschauung des Gerichts in dem ihm vorliegenden Fall unbefriedigend ist, … das Gericht den Fall nach seinem Ermessen entscheiden" kann. Und Kelsen sagt ausdrücklich weiter: „Tritt an Stelle der moralisch-politischen Anschauung des Gesetzgebers die des Richters, dankt der Gesetzgeber zugunsten des Richters ab"[19]. Nun, im Falle des Erkenntnisses über die Fristenlösung hat der Verfassungsgerichtshof den Verfassungsgesetzgeber tatsächlich abdanken lassen, das ist keine Frage.

Ein Detail der Argumentation gegen den Schutz des Lebensrechtes des ungeborenen Kindes verdient es, noch angeführt zu werden. Es zeigt nämlich, wie mit Menschenrechten umgegangen werden kann. Die Salzburger Landesregierung hatte am 15. März 1974 an den Verfassungsgerichtshof den Antrag gestellt, § 97 Abs. 1 Z. 1 des Strafgesetzbuches von 1974, der die Fristenlösung eingeführt hat, „wegen Verfassungswidrigkeit aufzuheben". Die damalige Bundesregierung hat in ihrer „Äußerung" zu diesem Antrag behauptet, dass „für die Leibesfrucht offensichtlich nur das Recht auf Unverletzlichkeit des Eigentums und damit nur mehr oder weniger zusammenhängende Rechte in Betracht kommen".[20] Ich habe diese Meinung in einer Besprechung in der Österreichischen Juristenkommission vom damaligen Justizminister Broda selbst, und von dem Verfassungsrichter Rosenzweig gehört. In dieser Besprechung machte Franz Bydlinski, Professor für bürgerliches Recht in Wien, den begründeten Einwand, dass dies doch eine merkwürdige Rechtsordnung wäre, wenn sie zwar das Eigentum des Menschen schützt, aber ihn selbst nicht. In einer Stellungnahme der Salzburger Landesregierung wurde das Absurde dieser Meinung mit folgendem Beispiel gezeigt: Ein Mann stirbt innerhalb der Dreimonatefrist für die straffreie Abtreibung ohne eine letztwillige Verfügung zu hinterlassen. In dieser Zeit ist das von seiner Frau erwartete Kind in seinem Eigentumsrecht grundrechtlich geschützt. Um aber den Nachlass nicht mit dem Kind teilen zu müssen, lässt die Frau das Kind straflos durch Abtreibung töten. Was ist dann ein unbestrittenes Grundrecht wert, wenn man es durch straffreie Tötung seines Trägers gegenstandslos machen kann?

Felix Ermacora hat in seinem Buch „Grundriß der Menschenrechte in Österreich" festgestellt: „Es gibt *keine sachliche Rechtfertigung für dieses Erkenntnis* eines Höchstgerichtes in Mitteleuropa mit jenen Traditionen, die der Präambel der EMRK verpflichtet sind. Das Erkenntnis hat *gesellschaftsändernden Bestrebungen* einer einfachen Parlamentsmehrheit Rechnung getragen. *Waldsteins* Kritik ist in dieser Hinsicht voll zuzustimmen. Die Kritik gegen das Erkenntnis und die Art der Rechtsfindung ist umfassend gewesen".[21]

Gleichwohl hat sich seither in der Sache nichts geändert. Die politischen Bestrebungen der Sozialisten gehen vielmehr dahin, den bisher noch verbliebenen strafrechtlichen Schutz des ungeborenen Kindes völlig abzuschaffen. Auch kirchliche Würdenträger wollen nicht von einer Bestrafung der Abtreibung sprechen, obwohl auch das Kirchenrecht sehr wohl eine Bestrafung in Can. 1398 CIC vorsieht. Die Strafe ist der einzige Schutz, den eine Rechtsordnung für ein Rechtsgut bieten kann. Die Beseitigung der Strafdrohung bedeutet die Beseitigung des Rechtsschutzes. Mit dem Hinweis, dass auch der „*Codex des kanonischen Rechtes* von 1917 ... für die Abtreibung die Strafe der Exkommunikation" androhte, sagt Johannes Paul II.: „Auch die erneuerte kanonische Gesetzgebung stellt sich auf diese Linie, wenn sie bekräftigt: ‚Wer eine Abtreibung vornimmt, zieht sich mit erfolgter Ausführung die Tatstrafe der Exkommunikation *latae sententiae* zu', das heißt die Strafe tritt von selbst durch Begehen der Straftat ein. Die Exkommunikation trifft alle, die diese Straftat in Kenntnis der Strafe begehen, somit auch jene Mittäter, ohne deren Handeln sie nicht begangen worden wäre. Mit dieser erneut bestätigten Sanktion stellt die Kirche diese Straftat als eines der schwersten und gefährlichsten Verbrechen hin und spornt so den, der sie begeht, an, rasch auf den Weg der Umkehr zurückzufinden" (EV 62). Dies gilt auch für den Verein „Donum vitae", der zu dem Zweck gegründet wurde, den für die straflose Abtreibung erforderlichen Beratungsschein ausstellen zu können, nachdem dies für kirchliche Beratungsstellen untersagt worden war.

Johannes Paul II. hat jedoch in *Evangelium vitae* (Nr. 63) auch ein anderes, heute überaus aktuelles und bedrängendes Problem angesprochen. Er sagt zunächst: „Die sittliche Bewertung der Abtreibung muß auch auf die neuen Formen des *Eingriffs auf menschliche Embryonen* angewandt werden, die unvermeidlich mit der Tötung des Embryos verbunden sind". Dann schreibt er, „daß die Verwendung von Embryonen oder Föten als Versuchsobjekt ein Verbrechen darstellt gegen ihre Würde als menschliche Geschöpfe, die dasselbe Recht haben, das dem bereits geborenen Kind und jeder Person geschuldet wird." Daran anschließend folgen Aussagen, die auch die Transplantationsmedizin betreffen. Hier muss ich einen etwas größeren Abschnitt wiedergeben.

„Aus sittlichen Gründen zu verwerfen ist ebenso auch die Vorgangsweise, die – bisweilen eigens zu diesem Zweck mit Hilfe der In-vitro-Befruchtung ‚erzeugte' – noch lebende menschliche Embryonen und Föten mißbraucht, sei es als zu verwertendes ‚biologisches Material' oder als *Lieferanten von Organen oder Geweben zur Transplantation* für die Behandlung bestimmter Krankheiten. Die Tötung unschuldiger menschlicher Geschöpfe, und sei es auch zum Vorteil anderer, stellt in Wirklichkeit eine absolut unannehmbare

Handlung dar" (EV 63). Präsident Bush hatte deswegen diese Technologie abgelehnt mit der Begründung, dass man mit Töten nichts Gutes tun kann. Sein Nachfolger Obama hat sich inzwischen als „offener" gezeigt. Er hat am 9. März 2009 „einen Erlass zur staatlichen Förderung embryonaler Stammzellenforschung unterzeichnet. Mit der entsprechenden Verordnung hob er das bisher in den USA bestehende Verbot der staatlichen Finanzierung embryonaler Stammzellenforschung auf". Damit ist, trotz der angekündigten restriktiven Präzisierungen, mit dem „den Wissenschaftlern mehr Freiheit gewähren" unvermeidlich der Tötung freie Bahn gegeben. Diese „gesellschaftspolitische Offenheit" wurde prompt in den Medien gelobt. Die „katholische Bischofskonferenz der Vereinigten Staaten" stellte fest, „dass es mit dem neuen Erlass kein Halten mehr geben werde. Er überschreite die ‚fundamentale ethische Grenze', die verhindere, dass der Mensch zum Forschungsobjekt werde" (Die Tagespost vom 10.3.09).

Ein anderes schwerwiegendes Problem muss hier noch angeführt werden. Papst Benedikt XVI. sagt dazu: „Besondere Aufmerksamkeit muss der sittlichen Bewertung der *Verfahren vorgeburtlicher Diagnose* gelten". Ich will hier nur jenen Teil des Textes wiedergeben, der das Lebensrecht betrifft. Dazu sagt er: es kommt „nicht selten vor, daß diese Verfahren in den Dienst einer Eugenik-Mentalität gestellt werden, die die selektive Abtreibung in Kauf nimmt, um die Geburt von Kindern zu verhindern, die von Mißbildungen und Krankheiten verschiedener Art betroffen sind. Eine solche Denkweise ist niederträchtig und höchst verwerflich, weil sie sich anmaßt, den Wert eines menschlichen Lebens einzig und allein nach Maßstäben wie ‚Normalität' und physisches Wohlbefinden zu beurteilen und auf diese Weise auch der Legitimation der Kindestötung und Euthanasie den Weg bahnt." Papst Benedikt XVI. hat in seiner Ansprache vor der Vollversammlung der Päpstlichen Akademie für das Leben am 21. Februar 2009 im gleichen Sinne die „Verwerfliche Praxis der Eugenik" als „Diskriminierung derje-

nigen" verurteilt, „die behindert und krank sind". Er sagt
unter anderem weiter: „Wenn der Mensch von seinen frühe-
sten Entwicklungsphasen an auf ein Objekt experimentel-
ler Manipulation reduziert wird, bedeutet das, daß sich die
biomedizinischen Technologien der Willkür des Stärkeren
ergeben haben".[22]

Es ist erschütternd zu sehen, wie die Realität der gegenwärtigen Entwicklung in der Welt bei der Durchsetzung
des technischen und medizinischen „Fortschritts" absolut
vor keiner „Niederträchtigkeit" zurückschreckt und absolut keine durch das Naturrecht gezogenen Grenzen des
Handelns mehr kennt. Alles, was machbar ist, wird beden-
kenlos gemacht. In *Evangelium vitae* stellt der Papst fest:
„Das Weltgewissen reagiert mit Recht auf die Verbrechen
gegen die Menschlichkeit, mit denen unser Jahrhundert so
traurige Erfahrungen gemacht hat. Würden diese Untaten
vielleicht nicht mehr länger Verbrechen sein, wenn sie, statt
von skrupellosen Tyrannen begangen worden zu sein, durch
des Volkes Zustimmung für rechtmäßig erklärt worden
wären?" (70). Alles, was Johannes Paul II. in dieser großen Enzyklika zum Wohle der Menschheit und auch zur
Erhaltung einer legitimen Demokratie so ausführlich und
eindrucksvoll gesagt hat, wird einfach ignoriert. Damit ist
jedoch unausweichlich die Konsequenz verbunden, dass
auch die Demokratie dort, wo das grundlegendste Menschenrecht zum Leben nicht mehr uneingeschränkt geachtet
wird, die Grundlage ihrer Legitimität längst verloren hat.
Und die geschätzte weltweite Opferbilanz dieser Entwicklung mit jährlich 50 bis 60 Millionen getöteten ungeborenen
Kindern ist wahrhaftig unvorstellbar. Das hat bisher keine
Tyrannei zustandegebracht. Und das geschieht in Zeiten des
Friedens in aller Ruhe seit Jahrzehnten in den „geordneten"
Verhältnissen moderner Kliniken.

# Sechstes Kapitel

# Naturrecht als Grundlage der Ehe

Es ist sehr bemerkenswert, dass in der wichtigsten Quelle für unsere Kenntnis der Arbeit der römischen Rechtswissenschaft, den bereits mehrfach zitierten Digesten, Ulpian die Ehe als erstes Beispiel für eine auf dem Naturrecht gründende Institution anführt (D. 1, 1, 1, 3). Anschließend an die Definition des Naturrechts sagt Ulpian: „Hieraus leitet sich die Verbindung des männlichen Geschlechts mit dem weiblichen ab, die wir Ehe nennen, ebenso die Erzeugung und Erziehung der Kinder".[1] Hier wird also bereits klargestellt, dass die Ehe mit dem Erziehungerecht der Eltern und die aus der Blutsverwandtschaft folgenden Rechte auf dem Naturrecht beruhen. Diese Tatsache unterstreicht der hochklassische Jurist Gaius in seinen *Institutiones* in anderem Zusammenhang. Die Institutionen wurden um 161 n. Chr. erstmals publiziert. Der erhaltene Text hat besonders deswegen eine außerordentliche Bedeutung, weil für ihn Veränderungen im Zuge der Herstellung des Gesetzgebungswerkes Justinians in christlichem Sinne (Interpolationen) nicht in Frage kommen.[2] Gaius sagt in dem bereits oben (Kap. 4, Anm. 16) zitierten Text: „die zivilrechtliche Ordnung kann zwar zivile Rechte vernichten (oder aufheben), natürliche jedoch nicht" (inst. 1, 158). Die natürlichen Rechte der Ehe und Verwandtschaft, die der Mensch hat, können also nach dieser Aussage des Gaius durch staatliche Gesetze weder verändert noch aufgehoben werden. In dem ebenfalls bereits oben zitierten Text von Paulus wird gesagt, dass „für die Regelungen über die Eingehung der Ehe auch auf das Naturrecht ... Rücksicht zu nehmen ist" (D. 23, 2, 14, 2).

# I. Die Definition der Ehe durch Modestinus

Die aus der griechischen Philosophie vermittelten Erkenntnisse haben nachweislich auf die großen Juristen seit dem 2. Jahrhundert v. Chr. eingewirkt.[3] Nur dies macht es verständlich, dass der spätklassische Jurist Modestinus, der zwischen den Jahren 224–244 n. Chr. in Rom als Präfekt der Feuerwehr wirkte, (in D. 23. 2. 1) die Ehe folgendermaßen definieren konnte: „Ehe ist die Verbindung von Mann und Frau und eine Vereinigung für das ganze Leben, eine Gemeinschaft göttlichen und menschlichen Rechts".[4] In Verbindung mit Ulpians Feststellung, dass die Ehe aus dem Naturrecht hervorgeht, ist es zumindest möglich, dass sein Schüler Modestinus hier mit *divinum ius* das Naturrecht meint. Denn auch in den Institutionen Justinians (1, 2, 11) heißt es: „Die naturrechtlichen Rechtssätze ..., sind von wahrhaft göttlicher Vorsehung geschaffen worden und bleiben immer gültig und unwandelbar".[5] Dazu verweisen die Übersetzer mit Recht auf Cicero (leg. 2, 11). Dieser Text ist so wichtig, dass ich ihn hier wenigstens teilweise wiedergeben möchte.

Der ganze Text ab *De legibus* 2, 8 müsste hierzu gelesen werden. Im Zuge dieser Erörterung erklärt Cicero dort als Erkenntnis „der weisesten Männer", „daß das Gesetz weder im Geiste der Menschen ausgedacht wurde noch irgendein Beschluß von Völkern ist, sondern etwas Ewiges, das die gesamte Welt regiere in der Weisheit des Befehlens und Verhinderns" (so Büchner, prohibendique ist aber eher „Verbietens"). Und weiter: „So sagten sie, daß jenes Gesetz als Anfang und Ende der Geist Gottes sei, der alles mit Vernunft erzwingt und verbietet." Bei der Erörterung des Falles der Vergewaltigung der Lucretia sagt Cicero dann: „und wenn es zur Zeit der Herrschaft des Lucius Tarquinius kein geschriebenes Gesetz über Ehebruch in Rom gab, hat darum doch gegen jenes ewige Gesetz Sextus Tarquinius der Lucretia ... Gewalt angetan" (leg. 2, 10). Was Cicero dann von dieser Ordnung *(ratio)*[6] in 2, 10 weiter sagt, wird sehr verschieden übersetzt. Die Übersetzung von Karl Büchner[7] gibt *ratio* auch hier einfach mit „Vernunft" wieder und *rerum natura* mit „Wesen der Welt". *Ratio* bedeutet jedoch in zahlreichen Zusammenhängen zweifellos „Ordnung", und *rerum natura* hat so viele konkrete Bedeutungen[8], dass es mit „Wesen der Welt" zu abstrakt wiedergegeben ist. Man könnte diesen Satzteil daher etwa so wiedergeben: „Es gab eine aus der Natur des Universums (so Keyes in der Loeb Ausgabe) hervorgegangene Ordnung", (Büchner:) „zum rechten Handeln antreibend und vom Vergehen wegrufend, die nicht dann endlich beginnt, Gesetz zu sein, wenn sie geschrieben steht, sondern dann, wenn sie entstanden ist. Entstanden aber ist sie zugleich mit dem göttlichen Sinn".

In diesem Zusammenhang folgen die Aussagen in De legibus 2, 11, auf welche die Übersetzung zu *Institutiones* 1, 2, 11 verweist. In diesem Text sagt Cicero unter anderem: „Wie also jener göttliche Sinn höchstes Gesetz ist, ist er es ebenso, wenn er im Menschen zur vollen Ausbildung gekommen ist, im Sinne des Weisen. Die aber in vielfacher Gestalt und auf bestimmte Lage bezogen von den Völkern geschrieben sind, haben den Namen Gesetz mehr aus günstiger Meinung als in Wirklichkeit." Nachdem Cicero dann kurz die Bedeutung guter Gesetze aufgezeigt hat, die man allein „Gesetze nennen" sollte, schreibt er: „Woraus sich billig erkennen läßt, daß die, welche den Völkern verderbliche und ungerechte Gebote aufgeschrieben haben, ..., alles eher eingebracht haben als Gesetze, so daß sich einsehen läßt, daß, schon wenn man den bloßen Namen des Gesetzes zu verstehen sucht, darin die Kraft und Bedeutung liegt, das Gerechte und das Wahre auszuwählen." Im anschließenden § 12 wird dann klargestellt, dass ein Staat, der kein Gesetz im guten Sinne hat, „für ein Nichts zu erachten ist", also in Wahrheit kein Staat ist. Seit Platon, Aristoteles und besonders klar formuliert durch den großen Historiker Polybios ist erkannt worden, dass Staaten, die ungerechte Gesetze erlassen, in ihre Entartung verfallen. Die Entartung der Demokratie wird von Polybios (6, 4) Ochlokratie genannt. Man kann das als Tyrannis der Masse wiedergeben.

In diesem nur in ganz bescheidener Auswahl aufgezeigten Kontext ist die Definition der Ehe durch Modestinus zu sehen. Modestinus selbst war Schüler Ulpians und kannte zweifellos dessen Auffassung vom Naturrecht. Ihm war aber auch sicher jene Auffassung vom göttlichen Ursprung des Naturrechts bekannt, die in den Institutiones (1, 2, 11) zum Ausdruck kommt. Was immer Modestinus wirklich in diesem Zusammenhang mit *divinum ius* im Auge gehabt haben mag, so gibt es genügend Gründe, die es für einen klassischen Juristen möglich machten, auf ein solches zu verweisen. Daher konnte etwa Gabriela Eisenring in ihrer Habilitationsschrift an der Unversität Salzburg die Definition des Modestinus mit guten Gründen als klassisch verteidigen. Ihr Buch gibt einen umfassenden Überblick über die römische Ehe als Rechtsverhältnis. Die Verfasserin widmet einen eigenen Abschnitt dem Thema: Das *„consortium omnis vitae* als Institution des Naturrechts".[9]

Für die Verbindung mit dem Naturrecht aufschlussreich ist Paulus (D. 23, 2, 14, 2), wie bereits oben (in Kap. 4 II) gezeigt werden konnte. Der Text verweist neben dem Naturrecht auch allgemein auf die verpflichtenden sittlichen Normen, die bei der Eheschließung zu beachten sind. Bei all diesen Normen ist seit frühester Zeit das klare Bewusstsein bezeugt, dass sie allgemeingültig, für jeden erkennbar und unwandelbar sind. Als Beleg für diese Erkenntnis zitiert Aristoteles wiederholt den berühmten Text aus der Antigone von Sophokles, der auf ein „der Götter ungeschribnes, ewiges Gesetz" Bezug nimmt (dazu oben Kap. 3 I). Cicero sagt in Zusammenhang mit der Erörterung der „Grundlagen des Rechts" in *De legibus:* „Den Anfang aber der Begründung des Rechts wollen wir von jenem höchsten Gesetz nehmen, das allezeit vorher entstanden ist, ehe irgendein Gesetz geschrieben oder überhaupt ein Staat gegründet worden ist" (1, 19). Weiter unten schreibt er von diesem Gesetz: „Wer dieses nicht kennt, der ist ungerecht, ob es irgendwo geschrieben ist oder nirgendwo" (leg. 1, 42). Das Element der dauernden Geltung hebt auch der Jurist Paulus (D. 1, 1, 11) hervor, wenn er sagt, Naturrecht ist jenes, das „allezeit gerecht und gut ist" (oben Kap. 4 I). Noch 1951 konnte das deutsche BVerfG, wie bereits oben (Kap. 4 IV) erwähnt, in einem Urteil vom 23. Oktober im Leitsatz Nr. 27 feststellen: „Das Bundesverfassungsgericht erkennt die Existenz überpositiven, auch den Verfassungsgesetzgeber bindenden Rechtes an und ist zuständig, das gesetzte Recht daran zu messen".[10]

Seither ist aus vielfältigen Gründen diese Grundlage von Gesetzgebern und im allgemeinen Bewusstsein immer mehr verlassen worden. Das materialistische und relativistische Menschenbild hat natürlich auch die Grundlagen des Ehe- und Familienrechts seit längerer Zeit zunehmend untergraben. Daher sind nun 2. die Folgerungen aus diesen Erkenntnissen für die Beurteilung heutiger Auffassungen zu ziehen.

## II. Gilt die Definition der Ehe von Modestinus heute noch?

Weil die Definition des Modestinus lediglich die naturrechtlich vorgegebenen Wesensmerkmale der Ehe wiedergibt, kann kein Zweifel daran bestehen, dass sie objektiv heute noch ebenso gilt, wie das Naturrecht selbst. Die aus ideologischen oder einfach hedonistischen Gründen sich immer mehr durchsetzenden Abweichungen von dieser Auffassung der Ehe sind mit dem erklärten Ziel eingeführt worden, „überholte Rechtsnormen der sozialen Wirklichkeit und den sozialen Bedürfnissen" anzupassen. Besonders sollte das „Gleichberechtigungsprinzip" im Bereich des Ehe- und Familienrechts verwirklicht werden.[11] Der Gipfel dieser Entwicklung muss als erreicht bezeichnet werden, wenn die neue Charta der Grundrechte der Europäischen Union in Art. 21 Abs. 1 zu den Dingen, deretwegen Diskriminierungen verboten sind, am Ende die „sexuelle Ausrichtung" nennt. Was das bedeutet, ist bereits durch wiederholte Resolutionen des EU-Parlaments klargestellt worden. Eine Resolution vom

8. Februar 1994 hat unter anderem die Mitgliedstaaten auf-gefordert, Gesetze zu erlassen, welche die homosexuelle Ehe vorsehen und solchen Paaren die gleichen Rechte geben wie bei der Ehe, an erster Stelle das Recht zu adoptieren und Kinder zu erziehen.[12] Andrea Bettetini dokumentiert bereits 1996 Gesetze solchen Inhalts für Dänemark (1989) und Norwegen (1993).[13] Er weist darauf hin, dass solche Rege-lungen zur Denaturierung des Instituts der Ehe und Familie führen, indem sie es eines der Elemente berauben, die ihm immer eigen waren, insofern sie nach der *natura rerum* für dieses Institut konstitutiv sind.[14] Hier kann man über die Natur der Sache hinaus sagen, dass das Wesenselement der Verbindung von Mann und Frau im Naturrecht begründet ist.

Eine gleichartige Resolution wurde vom EU-Parlament am 26. März 2000 angenommen. Zur Verdeutlichung ist es notwendig, etwas aus dem Text der Resolution wieder-zugeben. Der Abschnitt über „Lebensformen und Bezie-hungsverhältnisse" beginnt mit der Nr. 56. In der Nr. 57 wird „Genugtuung" darüber ausgedrückt, „daß in sehr vielen Mitgliedstaaten eine rechtliche Anerkennung von nicht ehelichen Lebensgemeinschaften – unabhängig vom Geschlecht – üblich wird". Dann fordert das EU-Parlament „jene Staaten, in denen eine solche rechtliche Anerkennung noch nicht gegeben ist, dazu auf, ihre Gesetze dahingehend zu ändern, daß eine rechtliche Anerkennung von nicht eheli-chen Lebensgemeinschaften – unabhängig vom Geschlecht – gegeben ist". Das Parlament hält „rasche Fortschritte" in dieser Richtung für „erforderlich". Die Nr. 58 wendet sich gegen sonstige Diskriminierungen.

In der Nr. 59 wird „bedauert, daß es in einigen Mitglied-staaten nach wie vor diskriminierende Bestimmungen be-züglich des Mindestalters für homosexuelle Beziehungen im Strafrecht gibt".[15] Nach einem Lob für „das Vereinigte Königreich", das „sich anschickt, die einschlägigen Rechts-vorschriften abzuändern", stellt das Parlament „jedoch mit großer Besorgnis fest, daß Österreich nach wie vor Artikel

209 seines Strafgesetzbuches bei der strafrechtlichen Verfolgung von Homosexuellen anwendet; fordert Österreich erneut auf, diese diskriminierende Bestimmung abzuschaffen und alle Personen, die aufgrund dieser Bestimmung inhaftiert sind, zu amnestieren und freizulassen".

Um die Tragweite dieser Resolution verstehen zu können, muss man wissen, dass § 209 StGB eine Bestimmung zum Schutze von Minderjährigen vor homosexuellem Missbrauch ist. Im Verbindung mit der Forderung nach Adoptionsrecht für homosexuelle Paare ist es verständlich, dass es einen solchen Schutz nicht mehr geben soll. Wie könnten homosexuelle Paare sonst ihr „Erziehungsrecht" an den Kindern ausüben. „Homosexualität als Erziehungsziel" wird nunmehr in Deutschland auch in Schulen offiziell eingeführt.[16] Die Päderastie oder Pädophilie soll auf diese Weise offenbar als grundrechtlich geschützte „sexuelle Ausrichtung" zu den offiziellen „Erziehungszielen" der Schule gehören. Das Motto: „Andersrum ist nicht verkehrt", lässt zwangsläufig an alle Begebenheiten mit Päderastie oder Pädophilie denken, die in zunehmendem Maße zu Erscheinungen führen, wie sie etwa für Kinderheime in dem vom EU-Parlament gelobten Vereinigten Königreich berichtet wurden: „Hunderte Kinder in Heimen mißbraucht". „Rund 750 Kinder in 40 Kinderheimen in Nord-Wales wurden seit Anfang der 80er Jahre sexuell mißbraucht, physisch und psychisch gequält oder emotionell und sozial vernachlässigt".[17]

Das offizielle Drängen auf Förderung der Homosexualität kann nur als Ausdruck einer Entwicklung angesehen werden, in der die in Europa tonangebenden Kräfte sich längst von dem in der Präambel zur EMRK genannten „gleichen Geiste" verabschiedet haben, in dem Europa ein „gemeinsames Erbe an geistigen Gütern ..." besaß. An dessen Stelle ist eine hedonistische und marxistische Ideologie getreten, die Wladimir Bukowski dazu veranlasst hat, Parallelen zwischen der EU und der UdSSR aufzuzeigen. Er sagt: „Was war die Sowjetunion? Sie war eine Union sozialistischer Republiken. Was ist die Europäische Union? Sie ist eine Union sozialistischer Republiken".[18] Deswegen auf allen Gebieten der ideologische Kampf zur Beseitigung der Wirksamkeit wahrer Menschenrechte, und das heißt der naturrechtlich vorgegebenen Rechte, einer objektiven Moralordnung und überhaupt der Wahrheit über den Menschen. Dabei geht es nicht nur um das christliche Erbe Europas, sondern darum, was seit der Antike mit dem natürlichen Licht der Vernunft über den Menschen erkannt werden konnte.

Die heute bestehenden Gesetze über Abtreibung, Euthanasie, Klonen und Homosexualität können daher im Sinne der Aussage Ciceros (leg. 2, 11) nur als in höchstem Maße „verderbliche und ungerechte" Gesetze bezeichnet werden. Die Glaubenskongregation hat eine solche Gesetzgebung im Sinne Ciceros als „negativ" bezeichnet.[19] Ihr liegt eine „Perversion menschlichen Denkens"[20] zugrunde. Diese führt zur blanken Missachtung auch der positivierten Grundrechte, wie des Art. 6 Abs. 1 und 2 GG. Der Abs. 1 lautet: „Ehe und Familie stehen unter dem besonderen Schutze der staatlichen Ordnung", Abs. 2: „Pflege und Erziehung der Kinder sind das natürliche Recht der Eltern". „Eltern" können jedoch nur die Ehepartner sein, und zwar auch für Adoptivkinder. Deshalb wird durch die Gleichstellung homosexueller Verbindungen mit der Ehe „die Verfassung verhöhnt".[21] Der Hass, der gegen entsprechend kritische Stellungnahmen seitens der Kirche zu diesen Entwicklungen in den Medien und auch sonst manifest wird, entspricht dem totalitären Grundzug der dahinter stehenden Ideologie. Diese macht auch blind für längst vorliegende Forschungsergebnisse zur Homosexualität, die eine echte und humane Hilfe für Personen mit homosexuellen Neigungen möglich machen.[22] Auf einer internationalen Tagung in Salzburg über „Homosexualität und Kirche" vom 4.–6.9.2000 haben erstrangige Forscher gezeigt, dass der „Mythos", „dass Homosexualität normal und angeboren sei", „schlicht nicht wahr und wissenschaftlich durch nichts belegt" ist.[23] Die staatlichen Bemühungen könnten längst der Menschenwürde entsprechende Hilfen anbieten, statt mit der „Strategie der ‚Großen

Lüge'", die der „Kommunismus und die Homosexuellen-Bewegung ... erfolgreich ... benutzt" haben, mit diesem Mythos „Menschen zum entscheidenden Schritt hinein in die Homosexualität" zu bringen.[24] Nach bekannt werden der Ergebnisse der Tagung, auf der Cohen und andere die „Homosexualität als heilbar erklärt" hatten, forderte die SPÖ „stärkeren Schutz für Schwule". Der totalitäre Grundzug dieser Ideologie zeigte sich besonders deutlich in der Forderung von SPÖ-Klubobmann Peter Kostelka, „Schutzbestimmungen im Strafrecht zu schaffen, um solche Entgleisungen nicht einfach hinnehmen zu müssen".[25] Das nennt man Freiheit der Wissenschaft!

Dass sich die menschliche Natur auf Dauer nicht ungestraft manipulieren lässt, hat der Zusammenbruch des Sowjetsystems gezeigt. Die zurückgebliebenen Verwüstungen sind freilich katastrophal. Nun versucht man es auf andere Weise. Gleichwohl zeigt die Erfahrung der Geschichte, dass es wahr ist, was Cicero über Gott sagt: „wer ihm nicht gehorcht, wird sich selber fliehen, und das Wesen des Menschen verleugnend wird er gerade dadurch die schwersten Strafen büßen, auch wenn er den übrigen Strafen, die man dafür hält, entgeht" (rep. 3, 33).[26] Für den in den gegenwärtigen Bestrebungen sich manifestierenden „Abschied von Gott" ist die Tatsache kennzeichnend, dass bei der Beratung der Charta der Grundrechte ein Konsens für eine Bezugnahme auf Gott nicht mehr erreichbar war, wie sie noch in der Präambel zum GG mit den Worten enthalten ist: „Im Bewußtsein seiner Verantwortung vor Gott und den Menschen, ... hat das deutsche Volk ... dieses Grundgesetz der Bundesrepublik Deutschland beschlossen". Es war vor allem der französische Europaminister Pierre Moscovici (nomen est omen!), der im Hinblick auf die „laizistische Tradition Frankreichs" eine Bezugnahme auf Gott in der Charta durch sein Veto unmöglich machte. Papst Johannes Paul II. hat zum „fehlenden Bezug auf Gott" festgestellt: „Ich kann meine Enttäuschung darüber nicht verhehlen, daß man in den Wortlaut der Charta nicht einmal einen Bezug zu

Gott eingefügt hat. Doch in Gott liegt der höchste Quell der Würde der menschlichen Person und ihrer grundlegenden Rechte. / Man darf nicht vergessen, daß die Ablehnung Gottes und seiner Gebote im vergangenen Jahrhundert zur Tyrannei der Götzen geführt hat".[27]

## III. Ergebnis

Ein Versuch, nach alledem das Ergebnis zusammenzufassen, könnte so lauten: Ehe lässt sich nicht beliebig definieren. Sie ist vielmehr eine in ihrem Wesen naturrechtlich vorgegebene Verbindung von Mann und Frau. Keine staatliche Macht und keine Ideologie vermag die objektive naturrechtliche Ordnung aufzuheben. Sie können diese nur missachten und verletzen und Konstruktionen nach eigenem Gutdünken vornehmen, die aber immer naturrechtswidrig bleiben und damit die wahre Menschenwürde und auch das Gemeinwohl missachten und verletzen. Als naturrechtliches Institut hat die Ehe einen Wesenskern, der nicht zur Disposition steht. Ihr Wesen steht fest. Es können gewiss Modalitäten, die nicht den Wesenskern betreffen, in Einzelheiten verändert werden, aber nicht ihr Wesen selbst. Zum Wesen gehört auch das naturrechtlich begründete Erziehungsrecht der Eltern, wobei es für eine gesunde Entwicklung im Normalfall wesentlich ist, dass die Kinder von Vater und Mutter betreut werden.[28]

Wenn Gesetzgeber objektiv Verschiedenes und dem Wesen einer Institution Widersprechendes gleichwohl gesetzlich gleichstellen, ist das nicht Beseitigung einer „Diskriminierung", sondern neben allem anderen auch eine Verletzung des Gleichheitssatzes. Denn nach dem Gleichheitsgrundsatz ist nur Gleiches gleich zu behandeln, Ungleiches dagegen entsprechend der jeweiligen Gegebenheit. Wenn man homosexuellen Beziehungen, die wesensmäßig keine Ehen sein können, gleichwohl die selben Rechte verleiht wie der Ehe, so werden diese Beziehungen deswegen keine Ehen. Solche Konstruktionen dienen lediglich der „Umwertung" der Werte, die Europa und seine humane Kultur als „gemeinsames Erbe an geistigen Gütern" bisher geprägt haben. Auch dafür gilt, was Papst Johannes Paul II. in der Enzyklika *Evangelium vitae* gesagt hat: „Es ist das unheilvolle Ergebnis eines unangefochten herrschenden Relativismus: das ‚Recht' hört auf Recht zu sein, weil es sich nicht mehr fest auf die unantastbare Würde des Menschen gründet, sondern dem Willen des Stärkeren unterworfen wird. Auf diese Weise beschreitet die Demokratie ungeachtet ihrer Regeln den Weg eines substantiellen Totalitarismus" (20). Wenn die Kirche ihre Stimme gegen solche Entwicklungen erhebt, „will sie lediglich *einen humanen Staat fördern*. Einen Staat, der die Verteidigung der Grundrechte der menschlichen Person, besonders der schwächsten als seine vorrangige Pflicht anerkennt" (EV 101). Der lateinische Ausdruck *iurium fundamentalium* bezieht sich nicht auf vom Staat gewährte „Grundrechte", sondern auf die im Naturrecht begründeten grundlegenden Rechte der menschlichen Person. Ein wirklich humaner Staat wird ohne die Anerkennung und Beachtung dieser Rechte niemals möglich sein.

Siebtes Kapitel

# Das Erziehungsrecht der Eltern

Aus dem bereits oben (Kap. 4 I) angeführten Text von Ulpian[1] geht hervor, dass dieser außer der Ehe selbst auch das Erziehungsrecht auf das Naturrecht zurückführt. Im Jahre 1937 konnte die Enzyklika „Mit brennender Sorge" auf dieser Grundlage gegen die Zwangsmaßnahmen des Nationalsozialismus in der Nr. 37 sagen: „Gewissenhafte, ihrer erzieherischen Pflicht bewußte Eltern haben ein erstes und ursprüngliches Recht, die Erziehung der ihnen von Gott geschenkten Kinder im Geiste des wahren Glaubens und in Übereinstimmung mit seinen Grundsätzen und Vorschriften zu bestimmen. Gesetze oder andere Maßnahmen, die diesen naturrechtlich gegebenen Elternwillen in Schulfragen ausschalten oder durch Drohung und Zwang unwirksam machen, stehen im Widerspruch zum Naturrecht und sind im tiefsten und letzten Kern unsittlich". So konnte auch das Grundgesetz im Art. 6 Abs. 2 erklären: „Pflege und Erziehung der Kinder sind das natürliche Recht der Eltern und die zuvörderst ihnen obliegende Pflicht." Art. 2 des 1. Zusatzprotokolls (ZP) zur Europäischen Menschenrechtskonvetion (EMRK) präzisiert: „Der Staat hat bei Ausübung der von ihm auf dem Gebiete der Erziehung und des Unterrichts übernommenen Aufgaben das Recht der Eltern zu achten, die Erziehung und den Unterricht entsprechend ihren eigenen religiösen und weltanschaulichen Überzeugungen sicherzustellen".

Besondere Probleme entstanden, als europäische Staaten darangingen, sich auch der sensiblen Frage der Sexualerziehung massiv zu bemächtigen. Für die dadurch entstandene Lage ist bereits das Urteil des Europäischen Gerichtshofes für Menschenrechte vom 7. Dezember 1976[2] zum däni-

schen „Sexualkunde-Fall" kennzeichnend. Es hat schlag-
artig deutlich gemacht, dass von „einer gemeinsamen Auffassung" hinsichtlich der „Achtung der Menschenrechte"
nicht mehr ausgegangen werden kann. Der Gerichtshof hat
die Beschwerde des dänischen Ehepaares abgewiesen. Die
Beschwerdeführer hatten sich, wie der Richter Alfred Verdross in seiner von der Mehrheit der Richter abweichenden
Meinung ausgeführt hat, „in ihren ‚christlichen Überzeugungen' verletzt" betrachtet.[3]

Weil die Ausführungen von Verdross in seinem gegen die
Mehrheitsmeinung des Gerichtshofes gerichteten Sonder-
votum für das Elternrecht von grundsätzlicher Bedeutung
sind, möchte ich sie hier wiedergeben. Verdross weist zunächst darauf hin, dass die damaligen Beschwerdeführer
sich „auf eine fest begründete christliche Lehre stützen, wonach alles, was die Gewissensbildung der Kinder berührt,
das heißt ihre moralische Ausrichtung, in die Zuständigkeit
der Eltern fällt, und der Staat sich daher in diesem Bereich
nicht gegen den Willen der Eltern zwischen diese und ihre
Kinder stellen darf. … Da alle von der Konvention und ihren Zusatzprotokollen geschützten Rechte *Individualrechte
des Menschen* sind, hat der Gerichtshof nicht zu untersuchen, ob die Rechte von Personen, die einer bestimmten Re-
ligionsgemeinschaft angehören, verletzt sind oder nicht. Es
ist allein seine Aufgabe, zu entscheiden, ob im gegebenen
Fall die Rechte der Beschwerdeführer geachtet wurden oder
nicht." Verdross sagt dann nach weiteren Differenzierungen
zwischen Tatsacheninformationen, die neutral sind, und
solchen, welche die Gewissensbildung berühren: „Da der
Staat die religiösen Auffassungen der Eltern zu achten hätte,
selbst wenn es nur *ein Ehepaar* gäbe, dessen Überzeugungen bezüglich der Gewissensbildung ihrer minderjährigen
Kinder von denen der Mehrheit des Landes oder einer bestimmten Schule abweichen, kann er seiner fraglichen Verpflichtung nur dadurch nachkommen, dass er die Kinder
von der Teilnahme am Unterricht über das Sexualverhalten
befreit".[4] Diese Feststellung ist für die heutige Lage beson-

ders wichtig. Es muss jedoch hinzugefügt werden, dass auch die Eltern sich auf ihr Erziehungsrecht nur dann berufen können, wenn sie selbst auch alle anderen Menschenrechte zu achten bereit sind.

Inzwischen habe ich den Leidensweg der kinderreichen (14 Kinder) Familie L. in Kärnten in den Jahren 189–92 ohnmächtig mitverfolgen müssen. Im Sinne der zuletzt zitierten Aussage von Verdross ist zunächst festzustellen, dass der Staat, wenn er schon das Recht der Eltern gemäß Art. 2 1. ZP zur EMRK im Rahmen seiner Schulen nicht *sicherstellen* kann, dann es zumindest zulassen muss, wie dies in anderen demokratischen Staaten, besonders in den USA, selbstverständlich ist, dass die Eltern den Unterricht zu Hause organisieren. Für amerikanische Kinder gibt es auch in Österreich eine besondere Schule, die American International School in Wien, durch die das Ergebnis dieses Unterrichts am Ende des Schuljahres objektiv überprüft und mit einem Zeugnis bestätigt wird. Dieses Zeugnis kann dann der zuständigen Bezirksschulbehörde zur Anerkennung im Inland vorgelegt werden. Das Schulpflichtgesetz von 1985 bestimmt im § 11 Abs. 2: „Die allgemeine Schulpflicht kann ferner durch Teilnahme an häuslichem Unterricht erfüllt werden, sofern der Unterricht jenem an einer im § 5 genannten Schulen – ausgenommen den polytechnischen Lehrgang – mindestens gleichwertig ist." Im Abs. 3 wird bestimmt: „Die Eltern oder sonstigen Erziehungsberechtigten haben die Teilnahme ihres Kindes an einem in Abs. 1 oder 2 genannten Unterricht dem Bezirksschulrat jeweils vor Beginn des Schuljahres anzuzeigen. Der Bezirksschulrat kann die Teilnahme an einem solchen Unterricht innerhalb eines Monates ab dem Einlangen der Anzeige untersagen, wenn mit großer Wahrscheinlichkeit anzunehmen ist, daß die im Abs. 1 oder 2 geforderte Gleichwertigkeit des Unterrichts nicht gegeben ist." Besonders dieser Punkt hat die Leiden der Familie L. ausgelöst. Wenn wegen der religiösen Orientierung der Familie die Gleichwertigkeit des Unterrichts bestritten wird, dann wird eben das Recht nach Art. 2 1. ZP zur EMRK bestritten. Es ist hier nicht möglich die Details dieser Verfahren mit Verwaltungsstrafen etc. zu schildern, die bei mir fünf Mappen füllen. Der zweite wichtige Punkt wird der Nachweis des zureichenden Erfolges des Unterrichts gemäß Abs. 4 sein. Wenn wieder eine Schule des Systems dies prüfen soll, wird Voreingenommenheit und Parteilichkeit schwer auszuschließen sein. Dafür müsste eine unabhängige Institution analog zur American International School geschaffen werden.

Bisher haben sich nach meiner Kenntnis in der Bundesrepublik und in Österreich betroffene Eltern, wie etwa das Ehepaar L. in Kärnten, vergeblich um die Sicherstellung ihres Elternrechts bemüht. Auch die Tatsache, dass zum Recht der Eltern die Hilfe des Apostolischen Schreibens *Familiaris consortio* „Über die Aufgaben der christlichen Familie in der Welt von heute" aus dem Jahre 1981 dazugekommen ist, konnte dieser christlichen Familie nicht helfen.

Besonders aufschlussreich ist die Anmerkung von Luzius Wildhaber zum Urteil des Europäischen Gerichtshofes. Er schreibt, man könne „heute die Elternrechte nicht mehr einfach als Bestätigung einer paternalistischen Lebensauffassung verstehen, sondern muß in ihnen den Ausdruck der Sicherung gegen totalitäre Neigungen des Staates sehen".[5] Diese deutlich tendenziöse Umdeutung des Elternrechts als Ausdruck „einer paternalistischen Lebensauffassung" wird schon durch den Begriff „Elternrecht" selbst widerlegt. Darüber hinaus zeigt sich in der Art des Aufzwingens einer rein materialistisch orientierten „Sexualkunde" eine klar „totalitäre Neigung des Staates". Fachleute für Pädagogik, wie Wolfgang Brezinka, und für Psychologie, wie Christa Meves, und viele andere haben seit vielen Jahren eingehend aufgezeigt, welche schwerwiegenden Folgen eine materialistische „Sexualkunde" hat. Um diese Erkenntnisse haben sich die zuständigen Ministerien in der Bundesrepublik Deutschland und in Österreich offensichtlich nicht gekümmert.

Zur Frage des Elternrechts ist das Apostolische Schreiben *Familiaris consortio* von Johannes Paul II. hervorzuheben. In der Nr. 37 wird gesagt:

„Die Geschlechtserziehung, Grundrecht und -pflicht der Eltern, muß immer unter ihrer sorgsamen Leitung erfolgen, sei es zu Hause, sei es in den von ihnen für ihre Kinder gewählten Bildungsstätten, deren Kontrolle ihnen zusteht. In diesem Sinne betont die Kirche das Prinzip der Subsidiarität, das die Schule beachten muß, wenn sie sich an der Geschlechtserziehung beteiligt; sie hat sich dabei vom gleichen Geist leiten zu lassen wie die Eltern." Diese Aussage ist in voller Übereinstimmung mit dem oben zitierten Art. 2 des 1. Zusatzprotokolls zur EMRK.

In dem Apostolischen Schreiben heißt es dann weiter: „In diesem Zusammenhang ist die *Erziehung zur Keuschheit* völlig unverzichtbar als einer Tugend, die die wahre Reifung der Person fördert und sie befähigt, die ‚bräutliche Bedeutung' des Leibes zu achten und zu entfalten. ... Deshalb wendet sich die Kirche entschieden gegen eine gewisse, vielfach verbreitete Art sexueller Information; losgelöst von sittlichen Grundsätzen ist sie nichts anderes als eine Einführung in die Erfahrung des Vergnügens und ein Anreiz, der den Kindern – schon in den Jahren der Unschuld – ihre Unbefangenheit nimmt und den Weg des Lasters öffnet." So weit das Apostolische Schreiben.

Wer Erfahrung mit Jugendlichen hat, wird nicht bestreiten können, dass dies das effektive Ergebnis der Anwendung der heute verbreiteten Lehrmittel zur Sexualkunde und der Sexualkunde selbst ist. Angesichts dieser Tatsachen ist der Zwang bei der Durchsetzung dieser Lehrmittel tatsächlich nur als „Diktatur des Pluralismus" zu verstehen, wie in „Die Tagespost" vom 29. März 2001 mit Recht festgestellt wurde. Dass auch in der Kirche Verantwortliche für eine „Horizonterweiterung" im Sinne dieses „Pluralismus" plädieren, statt sich für die Lehre der Kirche einzusetzen, ist ein Symptom der allgemeinen Verwirrung.

Eine wahrhafte Demokratie kann nur bestehen, wenn die Menschenrechte und Grundfreiheiten auch der Minderheit unangetastet bleiben. Wolfgang Fikentscher hat in seinen Darlegungen zur „Grundrechtedemokratie" klargestellt, dass zu deren Wesen „die unentziehbaren Rechte, die nicht-majorisierbaren ... Grundwerte" gehören.[6] Fikentscher hat leider sehr mit Recht weiter festgestellt: „Unrichtig und gefährlich ist das Vertrauen in die Mehrheit, sie werde von sich aus auf ‚immanente' Weise oder sonstwie die Grundrechte wie von selbst achten, oder sei sogar Herrin über Ob und Wie der Grundrechte".[7] Der tatsächliche Entzug solcher unentziehbarer und nicht-majorisierbarer Rechte bedeutet in der Tat das, was seit der Antike als Ochlokratie bezeichnet wurde, als die „Tyrannei der Mehrheit". Bei den Fragen um das Elternrecht im Zusammenhang mit der Schul-Sexualerziehung, wird, wie auch bei der Frage des Lebensschutzes, deutlich, dass eine „Tyrannei der Mehrheit" längst besteht. In dieser wahrhaftig ernsten Anfechtung der Demokratie wird ihre Bewährung ohne Zweifel davon abhängen, ob es gelingt zu einer aufrichtigen und uneingeschränkten Achtung der Menschenrechte und Grundfreiheiten zurückzufinden.

Achtes Kapitel

# Zur Bedeutung des Naturrechts für das Recht auf Eigentum

Seit der Antike ist die gesellschaftspolitische Bedeutung des Eigentums Gegenstand eingehender Erörterungen gewesen. Ich hatte im November 1992 Gelegenheit, an der Russischen Akademie der Wissenschaften in Moskau über das Thema zu sprechen: „Eigentum und Gemeinwohl im römischen Recht". Ich habe damals den Vortrag mit den Worten begonnen: „Wenn man im Hinblick auf das antike römische Recht die Begriffe Eigentum und Gemeinwohl mit ‚und' verbindet, so könnte man meinen, dies bedeute einen Widerspruch in sich. Begriffe, die sich ihrem Wesen nach widersprechen, würden hier verbunden. Für den römischen Eigentumsbegriff sei es gerade kennzeichnend, daß er rein individualistisch, egoistisch und in den Auswirkungen kapitalistisch orientiert sei. Ihm seien all jene Mißbräuche zuzuschreiben, die schließlich zur marxistischen Revolution und zur Expropriation der Expropriateure geführt habe.[1] Theo Mayer-Maly hat jedoch bereits darauf hingewiesen, daß der angeblich römisch-rechtliche „Eigentumsbegriff … ein Werk der späten Neuzeit" ist.[2] Die Darstellung der wirklichen Gemeinwohlbezogenheit des römischen Eigentumsbegriffs im Jahre 1992 in Moskau hatte für mich ein überraschendes Ergebnis. Einer der Professoren der russischen Akademie der Wissenschaften, der gleichzeitig Mitglied der Kommission der Duma war, in der die Wiederzulassung von Privateigentum beraten wurde, sagte mir, er könne meinen Vortrag eins zu eins in die Beratungen der Kommission einbringen. Nach der Perestroika hat die russische Akademie der Wissenschaften begonnen, ein neues Privatrecht für Russland auszuarbeiten. Dabei haben die

122

mit dieser Aufgabe betrauten Experten erkannt, dass dies nur auf der Grundlage des römischen Rechts möglich ist. Sie haben mir auch berichtet, dass eine Übersetzung der ersten 26 Bücher der Digesten mit den Texten über Naturrecht, Gerechtigkeit und Gemeinwohl ins Russische, die 1984 erscheinen konnte, wesentlichen Einfluss auf die Perestroika hatte. Die naturrechtliche Begründung des Eigentums und seine Bedeutung für das Gemeinwohl ist seit der Antike erkannt worden. Daher ist auch das Eigentumsrecht als eines der Menschenrechte in den modernen Kodifikationen der Grundrechte verankert.

Cicero schreibt in *De officiis,* dass nichts von Natur aus Privateigentum war. Die Übersetzung des Textes von Karl Büchner[3] lautet: „Es gibt aber Privates nicht von Natur, sondern entweder durch alte Inbesitznahme, wie von denen, die einst in unbesetztes Gebiet kamen, oder ... durch Gesetz, Abmachung, Vertrag, Los. Daher kommt es, daß das arpinische Gebiet Eigentum der Arpinaten genannt wird, das von Tusculum der Tusculaner. Und ähnlich ist die Einteilung der privaten Besitztümer. Daher, weil Eigentum eines jeden von ihnen wird, was von Natur gemeinsam gewesen war, soll jeder das, was ihm zuteil wird, festhalten (wohl besser: behalten); wenn davon einer etwas für sich erstrebt (wohl besser: begehrt oder danach greift), wird er das Recht der menschlichen Gesellschaft verletzen" (1, 21). Die tatsächliche Inbesitznahme (Okkupation) wird also als die Urform zur Begründung von privatem Eigentum an Sachen angesehen, die „von Natur gemeinsam gewesen" waren. Auch hier ist die Voraussetzung für den Eigentumserwerb durch Okkupation, dass die Sachen noch nicht in jemandes Privateigentum standen. Wenn einmal Privateigentum begründet war, musste es geachtet werden. Deswegen kann Cicero sagen, dass derjenige, der nach solchem Gut greift, „das Recht der menschlichen Gesellschaft verletzen" würde.

In seinen Institutionen sagt Gaius entsprechend der Aussage von Cicero im Zusammenhang mit der Behandlung des Eigentumserwerbs nach Naturrecht, dass Sachen, die in niemandes Eigentum stehen, ebenfalls nach Naturrecht durch Aneignung erworben werden. Dazu zählt er alle Sachen, die auf der Erde, im Meer oder in der Luft ergriffen werden, soweit sie nicht schon jemand anderer erworben hatte (2, 66).

## I. Eigentum und Gemeinwohl

Das österreichische Staatsgrundgesetz vom 21. Dezember 1867 hat im Art. 5 bestimmt: „Das Eigentum ist unverletzlich. Eine Enteignung gegen den Willen des Eigentümers kann nur in den Fällen und in der Art eintreten, welche das Gesetz bestimmt." Der Hinweis auf die „Unverletzlichkeit" zeigt den naturrechtlichen Hintergrund. Die Allgemeine Erklärung der Menschenrechte vom 10. Dezember 1948 bestimmt im Art. 17 Abs. 1: „Jeder Mensch hat allein oder in Gemeinschaft mit anderen Recht auf Eigentum." Der Abs. 2 lautet: „Niemand darf willkürlich seines Eigentums beraubt werden." In der EMRK selbst ist das Recht des Eigentums nicht enthalten. Erst im 1. Zusatzprotokoll zur Konvention wird im Art. 1 bestimmt: „Jede natürliche oder juristische Person hat ein Recht auf Achtung ihres Eigentums. Niemandem darf sein Eigentum entzogen werden, es sei denn, daß das öffentliche Interesse es verlangt und nur unter den durch Gesetz und durch die allgemeinen Grundsätze des Völkerrechts vorgesehenen Bedingungen." Erst das GG bringt im Art. 14 die Gemeinwohlbezogenheit des Eigentums und damit seine naturrechtliche Grundlage zum Ausdruck. Der Art. 14 GG lautet:

„(1) Das Eigentum und das Erbrecht werden gewährleistet. Inhalt und Schranken werden durch Gesetze bestimmt.

(2) Eigentum verpflichtet. Sein Gebrauch soll zugleich dem Wohle der Allgemeinheit dienen.

(3) Eine Enteignung ist nur zum Wohle der Allgemeinheit zulässig. Sie darf nur durch Gesetz oder auf Grund eines Gesetzes erfolgen, das Art und Ausmaß der Entschädigung regelt. Die Entschädigung ist unter gerechter Abwägung der

Interessen der Allgemeinheit und der Beteiligten zu bestimmen. …"

Im Art. 14 Abs. 2 GG wird ausdrücklich die Gemeinwohlbezogenheit des Eigentums hervorgehoben.

Ich will zunächst nur vier kurze, grundlegende Aussagen von Aristoteles, eine von Cicero und eine von Thomas von Aquin herausgreifen, die für die Beantwortung der Frage nach der Beziehung des Eigentums zum Gemeinwohl wesentlich sind. Die erste Ausssage von Aristoteles:

„Was nämlich als Gemeinbesitz (richtiger wäre -eigentum) sehr vielen gehört, dem wird das geringste Maß an Fürsorge zuteil. Denn am meisten kümmert man sich um das, was einem als Privatbesitz (-eigentum) gehört, und um den Gemeinbesitz (das Gemeineigentum) weniger, nur insofern der einzelne persönlich daran interessiert ist. Denn vom andern abgesehen nimmt man bei gemeinsamen Dingen gern an, daß bereits ein anderer sich darum kümmert, und vernachlässigt sie daher eher, …"[4]

Diese Aussage steht zwar im Zusammenhang mit der Kritik an der platonischen Theorie, „welche die Frauen und Kinder als Gemeinbesitz haben"[5] will, aber sie trifft auch auf das Problem des Eigentums zu. Dasselbe gilt für die zweite Aussage von Aristoteles: „Denn zwei Dinge sind es, die in erster Linie bewirken, daß die Menschen sich um sie kümmern und Zuneigung empfinden: das Eigene und das Geliebte. Keines von beiden kann es jedoch bei denen geben, die in einer solchen Staatsordnung leben",[6] in der – das muss im Hinblick auf den an das Vorausgehende anknüpfenden Text dazugedacht werden – alles Gemeineigentum ist. Ich brauche hier nicht viele Worte darüber zu verlieren, wie sehr die Geschichte der Menschheit, und zwar gerade die jüngste Geschichte, die verheerenden Folgen der Übernahme der platonischen Utopie demonstriert hat. Aristoteles betrachtet dagegen das Eigentum als etwas, was „zur Natur des Menschen" gehört.[7]

Es geht hier um das eminente Gemeinwohlinteresse daran, dass die Angelegenheiten der menschlichen Gemeinschaft gut verwaltet werden. Dies geschieht dann am besten, wenn jeder seine eigenen Angelegenheiten gut verwaltet. Dafür aber ist eine wesentliche Voraussetzung, daß die Dinge, die jeder zu verwalten hat, ihm selbst gehören.

Noch deutlicher wird die Bezogenheit des Eigentums auf das Gemeinwohl in dem Text von Cicero, den ich anführen möchte. In *De officiis* (1, 22) sagt er:

„Aber da ja, wie von Plato vortrefflich geschrieben wurde, wir nicht nur für uns geboren wurden und einen Teil unserer Existenz das Vaterland beansprucht, einen Teil die Freunde, und, wie es den Stoikern gefällt, alles was auf Erden entstünde, zum Gebrauch der Menschen erschaffen werde, die Menschen aber um der Menschen willen geschaffen seien, daß sie sich selber untereinander zu nützen vermöchten, ..., so müssen wir hier der Natur als Führerin folgen, den allgemeinen Nutzen in die Mitte rücken, durch Austausch von Pflichten, durch Geben und Nehmen, dann durch Künste, durch Arbeit, durch Fähigkeiten die Gesellschaft der Menschen untereinander fest verknüpfen".[8]

Dieser Text umschreibt, wie viele andere, jenen „umfassenden Kreis *sittlicher* Pflichten, der die römische Gesellschaftsordnung zusammenhält", wie Max Kaser treffend formuliert.[9] Cicero legt in seiner Schrift über die Gesetze ausführlich dar, daß jenes Recht, das die Grundlage einer gerechten menschlichen Ordnung bildet, in der Natur vorgegeben ist. Er zeigt schlüssig, dass derjenige, der dieses Recht nicht kennt, ungerecht ist, gleichgültig, ob es aufgeschrieben ist oder nicht (leg. 1, 42). Besonders wichtig ist, daß er die subjektive Nützlichkeit nicht als einen Maßstab anerkennt, der ein Abweichen von diesem Recht erlauben könnte.[10] Das erinnert an die oben berichtete Haltung des Camillus gegenüber den Faliskern bei der Belagerung von Falerii.[11]

Thomas von Aquin hat diese Gedanken in seiner Antwort auf die von ihm vorher diskutierte Frage, ob es erlaubt ist, „eine Sache als Eigentum zu besitzen", nachdrücklich aufgenommen. Der überaus informative Text verdient hier wiedergegeben zu werden:

„In bezug auf die äußeren Dinge steht dem Menschen zweierlei zu. Das eine ist die Berechtigung der Anschaffung und der Verwaltung. Und so weit ist es dem Menschen erlaubt, Eigentum zu besitzen. Das ist auch zum menschlichen Leben nötig, und zwar aus drei Gründen. Erstens, weil ein jeder mehr Sorge darauf verwendet, etwas zu beschaffen, was ihm allein gehört; denn weil jeder die Arbeit scheut, überläßt er das, was die Gemeinschaft angeht, den anderen; wie das so vorkommt, wo viele Diener beisammen sind. – Sodann, weil die menschlichen Angelegenheiten besser verwaltet werden, wenn jeder Einzelne seine eigenen Sorgen hat in der Beschaffung irgendwelcher Dinge; ... – Drittens, weil auf diese Weise die friedliche Verfassung der Menschen besser gewahrt bleibt, wenn jeder mit seiner eigenen Sache zufrieden ist".[12] Er schreibt jedoch dort weiter: „Das andere aber, was den Menschen in bezug auf die äußeren Dinge zusteht, ist deren Gebrauch. Und in bezug darauf darf der Mensch die äußeren Dinge nicht als Eigentum betrachten, sondern als Gemeinbesitz (sed ut communes eher: „Gemeineigentum"), so nämlich, daß er sie ohne Schwierigkeit mitteilt zum Bedarf der anderen". Hier berührt sich die Gemeinwohlbezogenheit des Eigentums mit dem Problem des Missbrauchs (unten II). Die Wichtigkeit der geordneten Eigentumsverhältnisse für das Gemeinwohl zeigt sich auch darin, dass Gaius sogar die Einführung der Ersitzung des Eigentums auf das Gemeinwohl zurückführt, damit die Eigentumsverhältnisse nicht lange unklar bleiben (vgl. D 41, 3, 1).

Im vierten Text sagt Aristoteles: „Somit ergibt sich klar, daß es besser ist, das private Grundeigentum zu belassen, es aber durch die besondere Art der Benutzung zum Gemeinbesitz zu machen. Den Bürgern aber diese Gesinnung beizubringen, ist die dem Gesetzgeber eigene Aufgabe".[13] Aristoteles geißelt dann die Selbstsucht und Habgier, die den rechten Gebrauch des Eigentums stören oder verhindern. Er zeigt aber auch, dass ein Kollektiveigentum diese Übel nicht zu beheben vermag. Diese sind nicht auf das Eigentum an sich zurückzuführen, „sondern auf die Schlechtigkeit des Charakters" der Menschen, die es verwalten.[14]

## II. Naturrecht und Missbrauch des Eigentums

Im Zusammenhang mit dem Missbrauch des Eigentumsrechts gegenüber Sklaven schreibt Gaius: Wir dürfen von unserem Recht keinen schlechten Gebrauch machen (inst. 1, 53). Die Institutionen Justinians sind in diesem Punkt noch deutlicher. Sie geben den Satz des Gaius mit den Worten wieder: Es gereicht zum Wohle des Gemeinwesens, dass niemand von seiner Sache einen schlechten Gebrauch macht (Inst. 1, 8, 2).[15] Dieser schlechte Gebrauch kann in vielfältigen Erscheinungsformen auftreten. Ein heute wieder besonders aktuelles Problem ist die Wertbestimmung einer Sache, die in jemandes Eigentum ist. Dazu sagt Paulus, dass die Preise der Dinge sich nicht nach der besonderen Vorliebe noch nach dem Nutzen der einzelnen richten, sondern nach dem allgemeinen Wert (D. 35, 2, 63 pr.), den die römischen Juristen als den objektiven Schätzwert bezeichnet haben, dem ein „gerechter Preis" entspricht. Die Feststellung dieses Wertes ist in vielen Fällen noch zusätzlich an den Maßstab gebunden, den man damit umschreiben kann, was einer vom anderen im Rahmen des redlichen Verkehrs oder nach „Treu und Glauben" erwarten darf. Daraus ist die Anfechtung eines Vertrages wegen „Verkürzung über die Hälfte"[16] hervorgegangen, das heißt, dass der Verkäufer nicht einmal die Hälfte des wahren Wertes der Sache erhalten hat.

Ein anderes Problem ist die Forderung wucherischer Preise für eine Sache. Gegen dieses Übel hat bekanntlich Diokletian ein Höchstpreisedikt erlassen, das für die Überschreitung der Höchstpreise sogar die Todesstrafe androhte und sich mit schärfsten Worten gegen die Habgier richtete. In diesem Höchstpreisedikt nimmt Diokletian ausdrücklich Bezug auf das Naturrecht, welches die Menschen „von selbst bessern" hätte können. Weil dies aber nicht geschehen ist, musste er schließlich eingreifen. Die Selbstverständlichkeit, mit der Diokletian in einem zum Glück inschriftlich aus dem Jahr 301 n. Chr. erhaltenen Edikt auf das Naturrecht als eine das Leben der Menschen zu deren Wohl regelnde Ordnung Bezug nimmt, zeigt, dass er in dieser Hinsicht noch ganz in der klassischen Tradition stand. Seine Formulierung läßt an Cicero denken, bei dem steht, es ist „das Gesetz der Natur selber, das den Nutzen des Menschen bewahrt und umfaßt" (off. 3, 31).

Diokletian sagt im Hinblick auf die wucherische Preisentwicklung: „Denn wenn noch irgend eine Rücksicht der Mäßigung die Elemente zu zügeln vermöchte, in denen eine grenzenlose Habsucht wütet, welche ohne Achtung des menschlichen Geschlechts nicht jährlich oder monatlich oder täglich, sondern fast in jeder Stunde, ja in jedem Moment wächst und sich vermehrt, oder wenn das Gemeinwohl *(fortuna communis)* diese zügellose Frechheit, durch die es täglich in solcher Weise zerfleischt wird, ertragen könnte: so wäre es vielleicht noch am Platze, die Dinge zu vertuschen und mit Schweigen zu übergehen. ... Aber weil die rasende Gier darin eins ist, der gemeinsamen Not gegenüber nicht wählerisch zu sein, und weil es bei den Gottlosen und Unredlichen für eine Art Gewissenspflicht der schleichenden, mit reißender Wut daherschäumenden Habsucht gilt, von der Zerstörung des Wohlstandes aller" nur unter Zwang, und nicht freiwillig abzulassen, sieht er sich genötigt, dafür zu sorgen, „daß die Gerechtigkeit als Schiedsrichterin eingreife, damit", was entgegen langer Hoffnung die „Gesellschaft selbst nicht leisten konnte, durch die Mittel unserer Fürsorge zur Mäßigung aller beigetragen werde". Bei Diokletian heißt es dann weiter: „Fast zu spät kommt die Fürsorge". Er hatte erwartet, dass „die in den schwersten Vergehen ergriffene Menschheit sich" nach den Normen des Naturrechts, „von selbst bessern" werde.[17]

Der ganze weitere Text würde eingehender Betrachtung wert sein. Er macht klar, wie ernst Diokletian die von Aristoteles ausgesprochene Erkenntnis genommen hat, dem Bürger die der natürlichen Ordnung entsprechende Gesinnung im Gebrauch des Eigentums beizubringen. Aus allen hier nur kurz angeführten Erkenntnissen geht die dem Eigentum innewohnende Gemeinwohlbezogenheit mit hinreichender Deutlichkeit hervor. Die Aktualität der antiken Erkenntnisse, besonders der Aussagen Diokletians, ist unübersehbar, vor allem in einer Situation, in der die sehr vielgestaltigen und feinen Instrumente jener sittlichen und rechtlichen Pflichten auch heute nicht mehr oder noch nicht wieder greifen, die eine Gesellschaftsordnung zusammenhalten und funktionieren lassen.

Das Edikt Diokletians zeigt aber gleichzeitig die Ohnmacht gesetzlicher Bestimmungen gegenüber einer Situation, in der die sittlichen Pflichten und das Naturrecht eben nicht mehr das Leben der Menschen vorwiegend bestimmen und die wirtschaftlichen Gegebenheiten aus den Fugen geraten sind. Dem Edikt blieb bekanntlich der erhoffte Erfolg versagt.

Die Bekämpfung des Missbrauchs des Eigentums zieht sich wie ein roter Faden durch die Geschichte der Menschheit. Die „Therapie" jedoch, die meinte, das Problem mit der Abschaffung des Privateigentums lösen zu können, hat nicht nur die Gemeinwohlbezogenheit des Eigentums missachtet, sondern im zwanzigsten Jahrhundert eine Menschheitskatastrophe von bis dahin unbekannten Ausmaßen herbeigeführt. Alles in allem geht es beim Eigentum um das eminente Gemeinwohlinteresse daran, dass die Angelegenheiten der menschlichen Gemeinschaft gut verwaltet werden (im gleichen Kap., Anm. 8). Dieses Gemeinwohl kann jedoch nur auf der Grundlage des Naturrechts gesichert werden, von dem Cicero sagt, es ist „das Gesetz der Natur selber, das den Nutzen des Menschen bewahrt und umfaßt" (off. 3, 31). Auch aus den Wirrnissen unserer Zeit kann nur eine Neubesinnung auf das Naturrecht und auf die auf diesem beruhenden wahren Menschenrechte wieder herausführen und für die Zukunft eine menschenwürdige Ordnung sichern.

## Neuntes Kapitel

# Naturrechtliche Grundlagen des Vertragsrechts

Eine alte Rechtsregel besagt: „Derjenige schuldet in Folge einer natürlichen Verbindlichkeit *(natura)*, welcher nach dem bei allen Völkern geltenden Recht Etwas (sic) geben muss, und dessen Redlichkeit wir vertraut haben".[1] Die Tragweite dieses Textes ist lange Zeit unbeachtet geblieben. Erst durch das gleichnamige Buch von Max Kaser über das *ius gentium*[2] wurden Erkenntnisse gewonnen, die auch die Tragweite der Aussage von Paulus erkennen lassen. Der Weg zu dieser Erkenntnis führte Kaser über den bereits oben (Kap. 4 II) angeführten Text von Gaius (D. 4, 5, 8). Der Text wird in der neuen Digestenübersetzung[3] folgendermaßen wiedergegeben: „Es ist klar, daß diejenigen Verbindlichkeiten, von denen man annimmt, daß sie einen naturrechtlich bestimmten Leistungsinhalt haben, durch Statusänderung nicht erlöschen, weil eine zivilrechtliche Regel naturrechtliche Rechtsverhältnisse nicht aufheben kann.[4] Deshalb hat die Klage auf Rückgabe der Mitgift, weil sie sich auf das Gute und Gerechte stützt, nichtsdestoweniger auch nach der Statusänderung Bestand." Diese vorbildlich klare und sachlich korrekte Übersetzung, die 1995 erschienen ist, stand Kaser für das 1993 erschienene „Ius gentium" noch nicht zu Verfügung. Kaser kommt bei der Interpretation eines anderen Gaius-Textes (inst. 1, 158) auch auf die eben genannte Stelle zu sprechen: „Diese Aussage könnte auch zur Erklärung einer dunklen Stelle (nämlich Gaius D. 4, 5, 8) herangezogen werden, in der Gaius denselben Gedanken anklingen läßt, und um deren Deutung ich mich bereits mit verschiedenen Ergebnissen bemüht habe".[5] Nach Überlegungen, mit denen Kaser sich von früheren Auffassungen entfernt, kommt er

zu dem Ergebnis, dass man mit Cornioley[6] an eine Obliga-
tion von demjenigen Charakter denken kann, wie er nach
Völkergemeinrecht *(ius gentium)* in den Verträgen besteht,
die durch Konsens begründet werden (Kaufvertrag, Miete,
Pacht, Dienst- und Werkvertrag und andere), also eine auf
der Treue *(fides)* oder hier auf dem Gerechten und Guten
*(aequum bonum)* beruhende Klage und damit auf einer
Grundlage, die ursprünglich vom Zivilrecht *(ius civile)*
unabhängig war. Die Wendung die „einen naturrechtlich
bestimmten Leistungsinhalt haben" *(quae naturalem prae-
sationem habere intelleguntur)* „legt am ehesten den Gedanken an eine Leistung nahe, die ihrem *Inhalt*[7] nach als eine
natürliche verstanden werden kann". Wichtig ist der letzte
Satz von Nr. 51: „Damit reiht sich die *naturalis praestatio*
(der naturrechtlich bestimmte Leistungsinhalt) in diejenigen
Fälle ein, die auf die *natralis aequitas* (natürliche Gerechtigkeit) bezogen werden können".[8] Wie die Begründung zeigt,
sind das faktisch alle Obligationen, die nicht zivile sind.
Paulus sagt: „Da Miete, Pacht, Dienst- und Werkvertrag
natürliche Rechtsverhältnisse und allen Völkern gemeinsam sind, werden sie nicht durch (förmliche) Worte abge-
schlossen, sondern durch (formfreien) Konsens, wie Kauf
und Verkauf" (D. 19, 2, 1).[9] Deutlicher drückt das noch
Hermogenian aus: „Kraft dieses Völkergemeinrechts ...
wurden Völker unterschieden, Reiche gegründet, Eigentum anerkannt, Äckern Grenzsteine gesetzt, Bauplätze für
Häuser zugewiesen, Handelsverkehr, Kauf, Miete, Pacht,
Dienst- und Werkverträge und weitere Schuldverhältnisse
eingeführt, mit Ausnahme einiger Rechtsverhältnisse, die
das Zivilrecht eingeführt hat" (D. 1, 1, 5).[10] Die „einigen"
vom Zivilrecht eingeführten Obligationen sind formgebun-
den. Sie brauchen hier nicht erörtert zu werden. Das gesamte
entwickelte Obligationenrecht ist jedoch, wie Hermogenian
in dem zitierten Text schreibt, aus dem Völkergemeinrecht
hervorgegangen. Wenn also Paulus die Rechtsregel angibt,
„Derjenige schuldet in Folge einer natürlichen Verbindlichkeit (natura), welcher nach dem bei allen Völkern geltenden

Recht Etwas (sic) geben muss, und dessen Redlichkeit wir vertraut haben" (D. 50, 17, 84, 1), dann bedeutet das nicht weniger als dass das gesamte entwickelte Obligationenrecht auf dem Naturrecht beruht. Das gilt natürlich auch für das auf dem römischen Recht beruhende moderne Obligationenrecht, wobei sicher nicht alle Einzelheiten moderner Regelungen auf Naturrecht zurückzuführen sind. Bei jedem gewöhnlichen Kaufvertrag wenden jedoch die Vertragsparteien, wohl ohne es zu ahnen, kodifiziertes Naturrecht an. Unter diesen Käufern und Verkäufern, Mietern und Vermietern usw. sind wohl auch viele, die in aller Ahnungslosigkeit in ihrer Theorie die Existenz eines Naturrechts bestreiten, obwohl sie es fast täglich anwenden. Aber wer weiß das schon!

Zehntes Kapitel

# Soziallehre und Sozialstaat

## I. Einleitung

Die eminente Bedeutung des Naturrechts für eine Soziallehre und damit für einen Sozialstaat geht unmittelbar daraus hervor, dass nur auf der Grundlage des Naturrechts eine
menschenwürdige Ordnung des gesellschaftlichen Lebens
möglich ist. Dies haben bereits die größten Philosophen der
Antike erkannt, auch wenn sie nicht eine Soziallehre im modernen Sinne entwickelt haben. Hier ist besonders Aristoteles (384–322 v. Chr.) hevorzuheben, der in seiner Metaphysik die grundsätzliche Fähigkeit des menschlichen Geistes,
objektive Wahrheit zu erkennen, grundlegend klargestellt
hat. Besonders in seiner Nikomachischen Ethik hat er jene
Grundlagen aufgezeigt, die auch für die moderne Soziallehre entscheidend sind und auf denen auch die kirchliche
Soziallehre aufbaut. Sie bestehen vor allem im Naturrecht.
Nur auf der Grundlage des Naturrechts kann es auch die
Gerechtigkeit geben. Wenn seit jeher, besonders seit Platon,
die Gerechtigkeit darin gesehen wird, dass „jedem das Seine"
zuteil" wird, so kann das, was „jedem das Seine" ist, objektiv nur auf der Grundlage des Naturrechts erkannt werden.
Wenn man das, was das ABGB im § 16 als „angeborene,
schon durch die Vernunft einleuchtende Rechte" bezeichnet,
weglässt, wird diese Definition inder Tat zu einer „Leer-
formel", die willkürlich so weitgehend mit jedem Inhalt ge-
füllt werden kann, dass sie auch mit äußerstem Zynismus
über dem Tor des Konzentrationslagers Buchenwald stehen
konnte.[1] Die stoischen Philosophen Antipater von Tarsos
und Panaitios von Rhodos haben dann im 2. Jahrhundert v.
Chr. die Erkenntnisse der platonischen Akademie weiterge-

führt. Wie bereits oben (Kap. 1, Anm. 11) erwähnt, konnte Okko Behrends die „Tragweite der Wendung des Antipater von Tarsos zu einem sozialen Naturrecht" aufzeigen, die „vor allem auf die Jurisprudenz wirkte. Über diesen Weg hat die Lehre des Antipater eine außerordentliche Folgewirkung gehabt, die in Teilbereichen bis auf den heutigen Tag anhält". Dieses „soziale Naturrecht" hat die römischen Juristen befähigt, seit dem 2. Jahrhundert v. Chr. Normen zu entwickeln, „die auf Sicherung der Existenz und auf Besserung der kulturellen und sozialen Lage der wirtschaftlich schwächeren Schichten der Gesellschaft ... abzielen", wie Adamovich das Sozialrecht definiert. Die damals „schwächere Schicht der Gesellschaft" waren die freigelassenen Sklaven. Für diese wurde ein ganzes System von sozialen Schutzrechten entwickelt.[2] Diese galten besonders den aus Anlass der Freilassung den Freigelassenen auferlegten Verpflichtungen zu Dienstleistungen (operae)[3].

Im 1. Jahrhundert v. Chr. hat Cicero die Erkenntnisse der griechischen Philosophie aufgenommen und den Römern vermittelt. Besonders seine Schriften über den Staat *(De republica),* über die Gesetze *(De legibus)* und über die Pflichten oder, wie Karl Büchner es übersetzt, „Vom rechten Handeln" *(De officiis),* legen Erkenntnisse vor, die unverzichtbare Grundlagen auch für das moderne Sozialrecht und für einen Sozialstaat sind. Die Schrift über die Pflichten ist an seinen Sohn Marcus gerichtet, der damals in Athen bei Cratippus Philosophie studierte. In der Einleitung zu dieser Schrift, die er im Jahre 44 v. Chr. verfasste, ein Jahr vor seiner Ermordung, sagt er zu seinem Sohn: „Wenn du aber unseres liest, das sich nicht sehr von den Peripatetikern (der platonischen Akademie) abhebt, da wir ja beide Sokratiker und Platoniker sein wollen, so brauche über die Dinge selber dein eigenes Urteil – hindere ich dich doch da gar nicht" (off. 1, 2). Hier macht Cicero klar, in welcher philosophischen Tradition er steht. Die dabei gewonnenen Erkenntnisse sind für die gesamte geistige Entwicklung in Europa und darüber hinaus maßgeblich geworden.

In diesem Rahmen kann es natürlich nicht um eine Darstellung der gesamten Entwicklung der sozialen Frage seit der Antike gehen. Es ist nur wichtig, zu sehen und zu betonen, dass es zu allen Zeiten Bemühungen gegeben hat, Unrecht zu bekämpfen und die Gerechtigkeit gegenüber der Würde des Menschen zur Geltung zu bringen.

Der zunehmend ungeheure Missbrauch des Privateigentums in Form des „Kapitals" mit rücksichtsloser Ausbeutung der Arbeitskraft der Arbeiter besonders seit Beginn des 19. Jahrhundert hat eine Bewegung ausgelöst, die 1847/48 zu dem von Karl Marx und Friedrich Engels verfassten „Kommunistischen Manifest" oder „Manifest der kommunistischen Partei" geführt hat. Zu der weiteren Entwicklung im 19. Jahrhundert schreibt Johannes Paul II. in der Enzyklika *Centesimus annus* vom 1. Mai 1991 in Nr. 4: „Gegen Ende des vergangenen (19.) Jahrhunderts stand die Kirche einem geschichtlichen Prozeß gegenüber, der schon seit einiger Zeit im Gange war, nun aber einen neuralgischen Punkt erreichte." Der Papst schildert dann die Faktoren dieses Prozesses, zu denen radikale „Veränderunen auf politischem, wirtschaftlichem und sozialem Gebiet, aber auch im Bereich von Wissenschaft und Technik" gehören. Es entstand „eine *neue Gesellschafts- und Staatsauffassung*", ferner „eine *neue Form des Eigentums*, das Kapital, und eine *neue Art der Arbeit*, die Lohnarbeit, gekennzeichnet durch Fließbandproduktion, ohne jede Berücksichtigung von Geschlecht, Alter oder Familiensituation des Arbeiters, einzig und allein bestimmt von der Leistung im Blick auf die Steigerung des Profits."

Und weiter: „Die Arbeit wurde so zu einer Ware, die frei auf dem Markt gekauft und verkauft werden konnte und deren Preis vom Gesetz von Angebot und Nachfrage bestimmt wurde, ohne Rücksicht auf das für den Unterhalt des Arbeiters und seiner Familie notwendige Lebensminimum. Noch dazu hatte der Arbeiter nicht einmal die Sicherheit, ‚seine Ware' auf diese Weise verkaufen zu können. Er war ständig von der Arbeitslosigkeit bedroht, die angesichts des Fehlens jeder sozialen Fürsorge das Schreckgespenst des Hungertodes bedeutete."

Der Papst sagt dann: „Die soziale Folge dieser Umwandlung war ‚die Spaltung der Gesellschaft in zwei Klassen, die eine ungeheure Kluft voneinander trennt'." Und weiter: „Als am Höhepunkt dieser Auseinandersetzung das ungeheure und weitverbreitete Unrecht voll zutage trat und die Gefahr einer von den damaligen ‚sozialistischen' Strömungen geförderten Revolution drohte, griff Leo XIII. mit einem Dokument ein, das sich in organischer Weise mit dem Thema der »Arbeiterfrage« auseinandersetzte." Die Antwort der christlichen Soziallehre war die Enzyklika *Rerum novarum* vom 15. Mai 1891. Diese Enzyklika hat die kirchliche Soziallehre der Folgezeit grundlegend geprägt. Gewissermaßen ein Höhepunkt der Bezugnahmen auf *Rerum novarum* wurde durch die Enzyklika *Centesimus annus* von Johannes Paul II. erreicht. Diese Enzyklika zeigt im I. Kapitel: „Wesenszüge von ‚Rerum novarum'", die hohe Aktualität dessen, was Leo XIII. dem Kommunismus entgegengestellt hat. Johannes Paul II. hat aber auch im II. Kapitel der Enzyklika: „Auf dem Weg zum ‚Neuen' von heute", und im III. Kapitel: „Das Jahr 1989" im Hinblick „auf die Ereignisse des Jahres 1989 in den Ländern Mittel- und Osteuropas" selbst viel Neues beigetragen. Dies gilt natürlich auch für das IV. Kapitel: „Das Privateigentum und die universale Bestimmung der Güter", das V. Kapitel: „Staat und Kultur" und für das abschließende VI. Kapitel: „Der Mensch ist der Weg der Kirche". Bevor ich aber auf Einzelheiten einer dem Naturrecht entsprechenden Sozialordnung eingehe, ist ein Blick auf die Wirkungen des Manifests der kommunistischen Partei nötig.

## II. Folgen naturrechtswidriger sozialer Modelle

Die Umsetzung des 1847/48 vom Manifest der kommunistischen Partei vorgegebenen Programms begann mit der
Machtergreifung Lenins am 7. Oktober 1917 in St. Petersburg. Mein Vater hat die Ereignisse miterlebt und zunächst
gehofft, dass er als damals bereits bekannter Pianist und als
Künstler überleben würde können. Als er aber im Februar
1918 Schüsse vor seinem Haus hörte und dann sah, wie
Menschen auf der Straße niedergeschossen wurden, war ihm
klar, dass es für einen Sohn eines kaiserlichen Beamten kein
Überleben geben würde. Es gelang ihm, wie bereits erwähnt
(oben 5 I, 2), mit seiner betagten Mutter die Flucht über das
Eis nach Finnland. Der Flüchtlingsstrom nach Finnland war
sehr groß. Wir hatten sehr viele russische Emigranten als
Freunde in Finnland.

Die Einzelheiten der Folgen der Machergreifung Lenins
und der weiteren Entwicklung unter Stalin, die den Kommunismus eine Weltmacht werden ließ, brauchen hier nicht
dargestellt zu werden. Die Allgemine Erklärung der Menschenrechte im Jahre 1948 könnte als Bestandsaufnahme
zum 100-jährigen „Jubiläum" des Kommunistischen Manifests von 1848 angesehen werden. Die Wirkungen des Marxismus mit dem Historischen Materialismus als Grundlagen
dieser Ideologie waren damals bereits hinreichend bekannt.
Daher ist das, was die Präambel zur Allgemeinen Erklärung
der Menschenrechte sagt, auch auf die Erscheinungen im
real existierenden Sozialismus bezogen. In der Präambel
heißt es, dass „Verkennung und Mißachtung der Menschenrechte zu Akten der Barbarei führten, die das Gewissen der
Menschheit tief verletzt haben". Das hängt damit zusammen, „daß der Grundirrtum des Sozialismus" in einem falschen Menschenbild besteht. Der Papst sagt in *Centesimus
annus,* dass er „anthropologischer Natur ist". Er schreibt
dort weiter: „Er betrachtet den einzelnen Menschen lediglich als ein Instrument und Molekül des gesellschaftlichen
Organismus, so daß das Wohl des einzelnen dem Ablauf des

wirtschaftlich-gesellschaftlichen Mechanismus völlig unter-
geordnet wird; gleichzeitig ist man der Meinung, daß eben
dieses Wohl unabhängig von freier Entscheidung und ohne
eine ganz persönliche und unübertragbare Verantwortung
gegenüber dem Guten verwirklicht werden könne" (Nr. 13).
Im Jahr 1989 ist dieses auf falschen Grundlagen aufgebaute
System weitgehend in sich eingestürzt. Johannes Paul II. erklärt dazu in *Centesimus annus*, es „beginnt ein schwie-
riger, aber erfolgreicher Übergang hin zu gerechteren und
demokratischen politischen Strukturen. Einen wichtigen, ja
entscheidenden Beitrag hat dabei *der Einsatz der Kirche für
die Verteidigung und die Förderung der Menschenrechte*
geleistet. In stark ideologisierten Milieus, wo eine völlig ein-
seitige Beeinflussung das Bewußtsein von der gemeinsamen
menschlichen Würde trübte, hat die Kirche klar und nachdrücklich geltend gemacht, daß jeder Mensch, welche per-
sönlichen Überzeugungen er auch immer haben mag, das
Ebenbild Gottes in sich trage und daher Achtung verdiene.
In dieser Aussage hat sich die große Mehrheit des Volkes oft
wiedererkannt, und das hat zur Suche nach Kampfformen
und politischen Lösungen geführt, die der Würde des Menschen mehr entsprechen" (Nr. 22).
Inzwischen haben mehrere Forscher die Bilanz von 70
Jahren kommunistischer Herrschaft in einem monumenta-
len Werk: „Das Schwarzbuch des Kommunismus" zusammengetragen, dessen französische Fassung 1997 in Paris erschienen ist. Bereits 1998 konnte in München die deutsche
Ausgabe erscheinen. Die Lektüre dieses Werkes, das 2000
bereits in 4. Auflage erschienen ist, macht klar, welches
Grauen ein recht- und menschenverachtendes System über
die Menschheit bringen konnte, das ausgezogen war, die
Menschheit von der Geißel der kapitalistischen Ausbeutung
zu befreien und das Arbeiterparadies auf Erden zu begründen.

# III. Soziallehre auf der Grundlage des Naturrechts

## 1. Vorläufer moderner Sozialrechte

Im antiken Rom ist zwar, wie bereits in der Einleitung erwähnt, keine Soziallehre im modernen Sinn entwickelt worden. Gleichwohl sind unter dem Einfluss des „sozialen Naturrechts" des Stoikers Antipater von Tarsos auf die römischen Juristen der Zeit vom 2. Jahrhundert v. Chr. bis zum 3. Jahrhundert n. Chr. im Zusammenhang mit der Dienstpflicht freigelassener Sklaven eine Reihe von Schutzrechten entwickelt worden, die auch in der modernen Soziallehre und im modernen Sozialrecht eine Rolle spielen. Die Dienstpflicht freigelassener Sklaven bestand darin, dass der Freigelassene im Zusammenhang mit der Freilassung auf Verlangen seines Freilassers, der sein Patron wurde, eine von ihm geforderte Zahl von „Tagewerken" *(operae)* versprechen musste. Diese Tagewerke konnte der Patron dann je nach Bedarf anfordern. Die Juristen haben sich bemüht, die daraus für den Freigelassenen möglichen Belastungen in erträgliche Bahnen zu lenken. Ich will nur drei konkrete Beispiele herausgreifen, um die Situation zu veranschaulichen.

Das erste Beispiel betrifft den Fall, dass der Freigelassene nicht in Rom lebte, sondern sogar vielleicht weit von Rom entfernt. Wenn der Patron Tagewerke anforderte, musste der Freigelassene von seinem Wohnort zur Leistung der Tagewerke nach Rom reisen. Iavolenus sagt dazu lapidar: Der Freigelassene muss zur Leistung der Tagewerke zum Aufenthaltsort des Patrons kommen, wobei die Reisekosten natürlich *(scilicet)* der Patron trägt (D. 38, 1, 21). In diesem unscheinbaren Nebensatz betreffend die Reisekosten findet sich bereits der Grundgedanke moderner Reisegebührenordnungen, wonach die mit einer Dienstreise verbundenen Kosten vom Dienstgeber zu tragen sind. Paulus fügt dem noch hinzu, dass die Reisetage aus der Provinz nach

140

Rom als geleistete Tagewerke gelten (D. 38, 1, 20, 1). Das heißt, die Zeit der Reise zum „Dienstort" wird als erfüllte „Dienstzeit" angerechnet.

Das zweite Beispiel betrifft die Freizeit während der Leistung von Tagewerken. Gaius betont mit überraschendem Nachdruck, dass bei allen Tagewerken *vor allem (praecipue)* darauf zu achten ist, dass dem Freigelassenen die für die Pflege des Körpers nötige Freizeit gewährt wird (D. 38, 1, 22, 2). Genau auf dieser naturrechtlich begründeten Norm, die von Gaius und anderen Juristen formuliert wurde, greift Leo XIII. in der Enzyklika *Rerum novarum* auf und wendet sich scharf gegen übermäßige Arbeitsforderungen. Johannes Paul II. zitiert in der Enzyklika *Centesimus annus* Leo XIII. und führt dazu aus: „Und unter Bezugnahme auf den Vertrag, der derartige ‚Arbeitsverhältnisse' bestimmen sollte, präzisiert er (Leo XIII.): ‚Bei jeder Verbindlichkeit, die zwischen Arbeitgebern und Arbeitern eingegangen wird, ist ausdrücklich oder stillschweigend die Bedingung vorhanden', daß den Arbeitern soviel Ruhe zu sichern ist, ‚als zur Herstellung ihrer bei der Arbeit aufgewendeten Kräfte nötig ist'. Und er schließt mit dem Satz: ‚Eine Vereinbarung ohne diese Bedingung wäre sittlich nicht zulässig'" (Nr. 7).

Das dritte Beispiel betrifft eine Regelung, die eine enorme Erleichterung für den Freigelassenen bedeutet, aber in der Literatur nicht verstanden wurde. Aus dem Vorurteil der „lückenlosen Ausbeutung" hat man geglaubt, damit ein besonders klares Beispiel für eine solche Ausbeutung zu haben. Es geht um einen besonderen Fall, in dem zwei Patrone gleichzeitig von einem Freigelassenen verschiedene Tagewerke einfordern. Gaius sagt, dass in einem besonderen Fall verschiedene Tagewerke an verschiedene Patrone gleichzeitig vollständig *(in solidum)* geleistet werden können, wie wenn der Freigelassene Bücherschreiber ist und dem einen Patron Tagewerke des Bücherschreibens leisten soll, dem anderen, der auf Reisen ist, Tagewerke der Bewachung des Hauses. Und Gaius schreibt weiter: Nichts hindert, dass der Freigelassene, während er für den einen Patron das Haus bewacht, für den anderen Bücher schreibt (D. 38, 1, 49). Dies hat auch Neratius geschrieben.

Der Text ist allgemein als Zeugnis für lückenlose Ausbeutung des Freigelassenen verstanden worden. Es gehe um die maximale Ausbeutung der Arbeitskraft mit dem Ziel, alle Fähigkeiten und Kräfte des Freigelassenen zum Profit der Patrone einzusetzen.[4] Diese Darlegungen klingen überzeugend, wenn man einmal die ihnen zugrunde liegende Voraussetzung angenommen hat, dass der römische Sklavenhalterstaat eben auch ein Ausbeuterstaat war. Die meisten Autoren haben jedoch verkannt, dass es sich in Wahrheit um eine Beschränkung der Verfügungsmacht des Patrons über den Freigelassenen handelt. Die jeweiligen Patrone können nicht verlangen, dass der Freigelassene die Leistungen jedem von ihnen ausschließlich erbringt, und nicht auch gleichzeitig für einen anderen. Für den Freigelassenen ergibt sich vor allem durch die Anerkennung der Möglichkeit, zwei verschiedene Tagewerke an einem Tag vollständig zu leisten, statt einer „Ausbeutung" ein ganz augenfälliger Vorteil. Er kann zwei volle Tagewerke an einem Tag erbringen und wird damit durch die Arbeit eines Tages von zwei Tagewerken befreit. Wenn er etwa beiden Patronen je 20 Tagewerke schuldete, konnte er sich auf diese Weise in 20 Tagen von der ganzen Schuld befreien. Wäre es denn für den Freigelassenen günstiger gewesen, diese insgesamt 40 Tagewerke für jeden der Patrone getrennt in 40 Tagen leisten zu müssen? Aber dieser Gesichtspunkt konnte durch das Vorurteil der Ausbeutung nicht in den Blick kommen.

Weitere Beispiele finden sich in dem bereits oben (Anm. 2) zitierten Beitrag zur Festschrift Niederländer.

## 2. Der Beitrag von Johannes Messner
### zur modernen Soziallehre

Aus der enormen Fülle an Literatur zu diesen Fragen, zu der auch Johannes Messner selbst beigetragen hat, will ich vor allem sein grundlegendes Werk „Das Naturrecht" herausgreifen.[5] Seine umfassende Darstellung geht mit ihrem Titel „Das Naturrecht" direkt von der Gegebenheit aus, die Thema auch dieses Buches ist. Das Buch von Messner behandelt auf 1263 Seiten praktisch alle Fragen der modernen Soziallehre. Alle Einzelheiten sind durch ein Sachverzeichnis mit einem Umfang von 72 Seiten (S. 1301–1372) leicht zugänglich gemacht.

Ich möchte zunächst an den bereits oben (Kap. 1, Anm. 4) zitierten Text erinnern: „Die Entwicklungslinie der traditionellen Naturrechtslehre wieder aufzunehmen hat auf den ersten Blick schon den ungeheuren Vorteil, daß sie auf ein ununterbrochenes Bemühen des menschlichen Geistes durch eine Zeit von mehr als zweitausend Jahren begründet ist, und zwar auch auf ein selbstkritisches wie keines der anderen Systeme der Ethik." Aus dem III. Teil, „Die Ordnung der Gesellschaft: Rechtsphilosophie", möchte ich aus dem 37. Kapitel, „Das sittliche Wesen des Rechts", einen längeren Abschnitt wiedergeben, der gewissermaßen eine Zusammenfassung dessen bietet, worum es auch in der Soziallehre und in dem Sozialrecht geht.

Johannes Messner sagt dort: „Das unmittelbare sittlich-rechtliche Bewußtsein des Menschen selbst unterrichtet ihn über die Grundforderungen der Ordnung der gesellschaftlichen Beziehungen durch das sittliche Naturgesetz, die natürliche Gewissenseinsicht in die allgemeinsten sittlich-rechtlichen Prinzipien. Das natürliche Gewissen ist nicht nur Pflicht- und Wertegewissen, sondern auch im eigentlichsten Sinn Rechtsgewissen. Dem *rechtlichen Apriori* (Vernunftsatz, etwas, das von vornherein besteht) des sittlichen Naturgesetzes (vgl. Kap. 3) gehören Prinzipien an wie diese: Gib jedem das Seine (suum cuique tribuere); tue anderen nicht, was du nicht willst, daß man dir tue; der rechtmäßigen Obrigkeit ist zu gehorchen; die gesellschaftlichen Übeltäter sind zu bestrafen; Verträge sind zu halten (pacta sunt servanda). Es sind die Rechtsprinzipien, die die gleichen Grundrechte aller menschlichen Personen, die Befehlsgewalt der gesetzgebenden Autorität, das Recht der Erzwingung der Rechtsordnung, die Geltung vertraglicher Rechte als Voraussetzung der gesellschaftlichen Kooperation in der nationalen (Volkswirtschaft) und internationalen Gemeinschaft (Völkerrecht) begründen. Wir haben (Kap. 35) gesagt, der traditionellen Naturrechtslehre eigne ein teleologischer Wesenszug; daraus folgt, daß ihr *intuitionistischer* (auf unmittelbarer Einsicht begründeter) Wesenszug, wonach unmittelbar einsichtige allgemeine Rechtsprinzipien kraft intuitiver Vernunfterkenntnis erfaßt werden, nicht minder ausgeprägt ist." Wie bereits oben (Kap. 1, Anm. 14) angeführt, kann das österreichische ABGB noch heute im § 16 sagen: „Jeder Mensch hat angeborene, schon durch die Vernunft einleuchtende Rechte".

Die Position Messners entspricht weitgehend dem, was über die Methode der Rechtsfindung der römischen Juristen bereits oben (Kap. 4, Anm. 10) gesagt werden konnte.

Messner schreibt dann weiter: „Unmittelbar einsichtig ist, erstens, für den Menschen mit vollentwickelter Vernunft, daß es sittlich verfehlt ist, unzweifelhafte Rechte anderer zu verletzen; unmittelbar einsichtig ist, zweitens, für jedermann, daß er, wenn er im Besitz von Rechten ist, einen Anspruch auf ein bestimmtes Verhalten anderer hat, das nicht nur von deren gutem Willen abhängig ist. Die Zahlung einer Geldschuld kann erzwungen werden, nicht aber der Beitrag zu einem caritativen Werk. Das rechtliche Apriori läßt keinen Zweifel darüber, daß in diesem Sinne Rechte Berechtigungen bedeuten."[6] Aus der enormen Fülle der Darlegungen von Messner kann ich nur zwei der wichtigsten Fragen herausgreifen:

a) Naturrechtliche Grundbeziehungen im Arbeitsverhältnis
Im Zusammenhang mit der „Wohlfahrtsfunktion des Staates" spricht Messner besonders von der Sozialpolitik. Er sagt: „Die *Ziele und Mittel* der Sozialpolitik lassen sich in zwei zusammenfassen: Sie betreffen *Arbeitsbedingungen* und Einkommenssicherung. Hinsichtlich der Arbeitsbedingungen fällt unter die Sozialpolitik der Schutz der Per-

son, des Lebens, der Gesundheit durch Vorschriften über Arbeitsraum, Maschinen, Transporteinrichtungen, Wasch- und Garderoberäume, dazu Vorschriften über die Arbeit von Frauen, Jugendlichen, Kindern (Verwendungsverbote oder Verwendungsbeschränkungen, Nachtarbeitsverbote, Schwangeren- und Wöchnerinnenschutz). Diesen Schutz- bestimmungen wird eine gesicherte Wirksamkeit gegeben durch die Einrichtung der Gewerbeinspektion und durch Mitwirkung von Vertretern der Arbeiterschaft (Betriebsrat) bei der Kontrolle der Einhaltung der Schutzbestimmun- gen."[7] Wie bereits oben erwähnt, hat das Konzil in *Gau- dium et spes* (27) „unwürdige Arbeitsbedingungen, bei denen der Arbeiter als bloßes Erwerbsmittel und nicht als freie und verantwortliche Person behandelt wird", scharf verurteilt.

Messner: „Zur Regelung der Arbeitsbedingungen gehö- ren weiters die Vorschriften über Mindestruhezeit zwischen den Schichten und über Arbeitspausen während der Schicht, über die Arbeitszeit (die große Errungenschaft: 48-Stunden- Woche), über Urlaubsansprüche und Kündigungsfristen." Wie bereits oben (III 1) gezeigt werden konnte, haben be- reits die römischen Juristen die Notwendigkeit der Ruhezei- ten unterstrichen.

Wiederum Messner: „Die Sozialpolitik ist Teil der staatli- chen Gemeinwohlaufgabe, eine Verpflichtung der Gemein- wohlgerechtigkeit; von den benachteiligten Gruppen her gesehen, bildet sie eine Verpflichtung der ‚austeilenden' … Gerechtigkeit". Und weiter: „Das Hauptgebiet der Sozi- alpolitik ist an das Arbeitsverhältnis geknüpft. In diesem treten, naturrechtlich auf die Grundbeziehungen hin gese- hen, Eigentum und Arbeit in Verbindung. Naturrechtlich sind mit dem *Eigentum* … soziale Pflichten verbunden, von denen einzelne besonders im Arbeitsverhältnis Geltung er- langen (z. B. Eigentumsgebrauch ohne Schädigung anderer, also Gesundheitsschutz im Betrieb; …)." Zum Arbeitsver- trag sagt er dann, dass er „ein Vertrag besonderer Art" ist. Und weiter: „Es sind naturrechtliche Bedingungen mit ihm verbunden, die unabdingbar sind, weil die Arbeit an die menschliche Person mit ihren existentiellen Zwecken gebunden ist. Sobald Großgruppen der Gesellschaft keine Gewähr besitzen, daß diese Bedingungen im Arbeitsvertrag eingehalten werden, entsteht für den Staat die Verpflichtung der Gemeinwohlgerechtigkeit, ihre Einhaltung durch die sozialpolitische Gesetzgebung zu verbürgen. Weil es sich um soziale, im naturrechtlichen Wesen des Arbeitsvertrages begründete Ansprüche handelt, kann man den Ertrag der sozialpolitischen Gesetzgebung auch im besonderen Sinne als ‚Sozialrecht' bezeichnen."[8] Dass es sich dann wirklich um „Sozialrecht" in diesem Sinne handelt, hängt davon ab, ob der Staat selbst die naturrechtlichen Grundlagen des Arbeitsverhältnisses und überhaupt der Rechtsordnung anerkennt. Weil diese Rechte jedoch inzwischen auch in der Europäischen Sozialcharta in der revidierten und ergänzten Fassung von 1999 (ESC) und durch den Internationalen Pakt über wirtschaftliche, soziale und kulturelle Rechte vom 16. Dezember 1966, in Österreich 1978 im BGBl verlautbart (IPWSKR), festgeschrieben sind, muss der Staat nicht direkt an das Naturrecht denken. Er muss nur Normen umsetzen, die, wie die EMRK, naturrechtlich begründet sind.[9] Bestimmungen der ESC wie: „Die Familie als Grundeinheit der Gesellschaft hat das Recht auf angemessenen sozialen, gesetzlichen und wirtschaftlichen Schutz, der ihre volle Entfaltung zu sichern vermag", werden unterschiedlich beachtet und durch die gesetzliche Zulassung homsexueller „Ehen" unterlaufen. Aus einer homosexuellen Verbindung kann natürlicherweise keine „Familie als Grundeinheit der Gesellschaft" hervorgehen, und zwar auch dann nicht, wenn man ihr das Adoptionsrecht verleiht.

b) Anspruch auf den gerechten Lohn

Ein für die Soziallehre ebenso wie für das Sozialrecht sehr wichtiger Anspruch ist der auf den gerechten Lohn für die Arbeit. Bereits die Enzyklika *Rerum novarum* hat, wie Johannes Paul II. in der Enzyklika *Centesimus annus* (Nr. 8) sagt, „das Recht auf ‚gerechten Lohn'" betont. Johannes Messner schreibt im 169. Kapitel seines Naturrechtsbuches mit dem Titel „Der Lohn": „Gerecht ist der Lohnanteil am Ertrag der sozialwitschaftlichen Kooperation, der dem Anteil der Arbeit bei der Erzielung der im Sozialzweck der Wirtschaft gelegenen sozialwirtschaftlichen Produktivität entspricht. Dieses allgemeine Prinzip läßt die wesenhafte Verbundenheit der beiden Gerechtigkeitsprinzipien erkennen, denen nach der Naturrechtslehre der gerechte Lohn entsprechen muß. Diese sind das Prinzip der sozialen Gerechtigkeit und das Prinzip der ausgleichenden Gerechtigkeit (ihre Forderung: Leistung gleich Gegenleistung). Nach beiden Seiten ist es die Produktivität der Arbeit, die für den gerechten Lohn bestimmend ist". Messner weist dann darauf hin, dass „die Vollverwirklichung der Lohngerechtigkeit ... die *Vollbeschäftigung* zur Voraussetzung hat".[10] Die gegenwärtige Krise mit Kurzarbeit und Lohnkürzungen und großer Arbeitslosigkeit bestätigt dies. Die weiteren, sehr eingehenden Begründungen seiner Auffassung können hier nicht vorgeführt werden. Aber auf ein aktuelles Gerechtigkeitsproblem glaube ich hinweisen zu sollen. In der anerkannt schwersten Wirtschaftskrise seit dem 2. Weltkrieg müssen heruntergewirtschaftete Großbanken mit Milliardenbeträgen aus Steuergeldern vor dem wirtschaftlich folgenschweren Zusammenbruch bewahrt werden. Jene Manager der Großbanken, die sich in guten Zeiten Millionenbeträge an Abfindungen vertraglich gesichert hatten, hätten diese Abfertigungen aus den von ihnen verwirtschafteten Banken nicht mehr bekommen können. Damit waren ihre Verträge buchstäblich „gegenstandslos". Dass sie diese Millionenbeträge nun gleichwohl aus den Steuergeldern zur Rettung der Banken bekommen, ist in der Tat nicht zu verstehen. Nach der naturrechtlichen Klausel *rebus sic stantibus* hätte man nach meiner Überzeugung die Verträge als aufgelöst ansehen müssen. Denn die Banken, für deren Krach die Manager verantwortlich waren, konnten ihnen diese Abfertigungen nicht mehr bezahlen. Dass sie nun aus Steuergeldern bezahlt wurden, die zur Rettung der Banken eingesetzt werden mussten, war meines Erachtens ein schwerer Irrtum, der die Rückforderung der bezahlten Beträge rechtfertigen würde. Dass die arbeitslosen oder unterbezahlten Massen in Frankreich und den USA die Megabeträge für Bankensanierungen und dazu die Belohnung der verantwortlichen Manager mit Millionenbeträgen nicht verstehen können und entsprechend protestieren, erscheint mir unter dem Gesichtspunkt der Gerechtigkeit durchaus verständlich.

Im Zusammenhang mit der Frage des gerechten Lohnes geht Messner auch auf die Frage der „Gewinnbeteiligung" des Arbeiters ein. Er sagt dazu: „Die Gewinnbeteiligung ist zu denken als Ertragsbeteiligung, wenn ein höherer Unternehmensertrag auf Grund besonderer Leistungen der Arbeiterschaft zustande kommt. Als besondere Leistungen sind möglich erhöhte Arbeitsleistung oder Ersparnis von Material- und Arbeitskosten. Ein mögliches Ausmaß von Gewinnbeteiligungssystemen auf solchen Grundlagen ist gleicherweise im Sozialzweck der Wirtschaft wie im dauerhaften Interesse der Arbeiterschaft gelegen, denn sie sind nach dem Produktivitätsprinzip ausgerichtet und stellen eine ideale Form der Hebung des Arbeitseinkommens dar."[11]

Johannes Messner ist sehr ausführlich auf die Lohngerechtigkeit im Zusammenhang mit dem Familieneinkommen eingegangen. Er sieht den „Ausgangspunkt der Erörterung des Familieneinkommens ... im naturrechtlichen Prinzip, daß der nichtbegüterte Mann, sobald er voll arbeitsfähig ist, zu einem Einkommen durch Beteiligung an der sozialwirtschaftlichen Kooperation berechtigt ist, mit dem er eine Familie gründen und erhalten kann.[12] Bereits Pius XII. hat die Bedrohung der Familie darin gesehen, dass sie „durch den Arbeitsprozeß" aueinandergerissen wird.[13] Das ist heute geradezu ein sozialpolitisches Ziel. Dadurch, dass Mann und Frau durch die Lohnpolitik vielfach faktisch gezwungen werden, einem Beruf außerhalb der Familie nachzugehen, kann der Staat die Kinder an sich reißen und sie seinem

Einfluss unterstellen. Ein normales Familienleben ist dann nicht mehr möglich. Es ist untertags keine Mutter zu Hause, zu der die Kinder immer kommen können. Der Beruf der Mutter wird vielmehr abqualifiziert, als wäre nicht gerade die Mutter für die Entwicklung und das gesunde Leben der Kinder unentbehrlich. Die Folgen dieser Politik sind aus der heutigen Situation der Jugend leicht erkennbar. Es müsste alles getan werden, das Familieneinkommen auch durch entsprechende Familienbeihilfe so zu gestalten, dass die Einheit der Familie gewahrt werden kann.

## 3. Kirchliche Soziallehre und das Naturrecht

Papst Benedikt XVI. sagt in der Enzyklika *Deus caritas est* (vom 25. Dezember 2005, in der Nr. 28 a), wie bereits in der Einleitung erwähnt: „Die Soziallehre der Kirche argumentiert von der Vernunft und vom Naturrecht her, das heißt von dem aus, was allen Menschen wesensgemäß ist." Der Papst schreibt dort über die Kirche: „Und sie weiß, dass es nicht Auftrag der Kirche ist, selbst diese Lehre politisch durchzusetzen: Sie will der Gewissensbildung in der Politik dienen und helfen, dass die Hellsichtigkeit für die wahren Ansprüche der Gerechtigkeit wächst und zugleich auch die Bereitschaft, von ihnen her zu handeln, selbst wenn das verbreiteten Interessenlagen widerspricht. Das bedeutet aber: Das Erbauen einer gerechten Gesellschafts- und Staatsordnung, durch die jedem das Seine wird, ist eine grundlegende Aufgabe, der sich jede Generation neu stellen muss. Da es sich um eine politische Aufgabe handelt, kann dies nicht der unmittelbare Auftrag der Kirche sein. Da es aber zugleich eine grundlegende menschliche Aufgabe ist, hat die Kirche die Pflicht, auf ihre Weise durch die Reinigung der Vernunft und durch ethische Bildung ihren Beitrag zu leisten, damit die Ansprüche der Gerechtigkeit einsichtig und politisch durchsetzbar werden."

Seit der bereits zitierten Enzyklika *Rerum novarum* hat das Lehramt der Kirche einen immensen Beitrag zur Soziallehre geleistet. Meilensteine waren die Enzykliken *Quadragesimo anno* 1931 von Pius XI., *Mater et Magistra* 1961 vom seligen Papst Johannes XXIII. und *Populorum progressio* 1967 von Papst Paul VI. Allein die von Utz/Groner in 3 Bänden mit insgesamt 4038 Seiten herausgegebene Soziale Summe Pius' XII. dokumentiert ein Ausmaß der Beschäftigung dieses Papstes mit der sozialen Frage, das in höchstem Maße erstaunlich ist. Besonders Papst Johannes Paul II. hat mit seinen Enzykliken *Laborem exercens* (zum 90-jährigen Jublaläum der Enzyklika *Rerum novarum)* 1981, *Sollicitudo rei socialis* 1987 und *Centesimus annus* 1991 die Lehren Leos XIII. wieder aufgenommen und weiterentwickelt.

Auf eine gänzlich neue Basis stellt Papst Benedikt XVI. die Soziallehre in seinen Enzykliken *Deus caritas est* vom 25. Dezember 2005 und *Caritas in veritate* vom 29. Juni 2009.

Alle genannten Enzykliken gehen von der gemeinsamen Basis des Naturrechts aus. Mit verschiedenen Akzentsetzungen wird die Soziallehre eindringlich dargelegt. Die Menschen werden zu einem verantwortungsbewussten Handeln in „Gerechtigkeit und Liebe"[14] aufgerufen. Es wäre unmöglich, hier alle genannten Enzykliken angemessen zu würdigen. Daher will ich mich auf die jüngste konzentrieren. Zunächst möchte ich noch eine Aussage von Pius XII. zum „Studium der Geschichte und der Rechtsentwicklung als Mittel zur Erkenntnis von naturrechtlichen Normen" wiedergeben, weil sie gewissermaßen das Prinzip und den Aufbau dieses Buches erklärt. Pius XII. sagt: „Dazu ist es sehr nützlich, aus den Urkunden und Texten der Gesetzgebung die Gedanken der verflossenen Jahrhunderte, ja, Wir müssen sagen, Jahrtausende kennen zu lernen. Sie zeigen, daß die Erfordernisse des Zusammenlebens der Völker in den Grundlinien immer dieselben gewesen sind, weil die menschliche Natur im wesentlichen immer die gleiche bleibt."[15] Im Zusammenhang mit „Maximen der Kirche zur Vorbeugung von Konflikten" sagt er zum Naturrecht selbst: „Die erste Forderung für jede Friedensaktion ist die

Anerkennung des Bestehens eines Naturgesetzes, das allen Menschen und Völkern gemeinsam ist".[16]

## 4. Zum Naturrecht in der Enzyklika Caritas in veritate

Die Enzyklika „Caritas in veritate über die ganzheitliche Entwicklung des Menschen in der Liebe und in der Wahrheit" vom 29. Juni 2009 greift die gesamte vorausgehende kirchliche Soziallehre auf und vertieft und erweitert sie. Es mag überraschen, dass der Papst in einer Sozialenzyklika der Liebe eine so zentrale Rolle einräumt. Dies entspricht jedoch einer Weisheit, die bereits lange vor dem Christentum bekannt war. Bereits Cicero konnte bei der Frage nach einer richtigen sozialen Ordnung in seinem Werk über die Gesetze sagen: „dies entsteht daraus, daß wir von Natur geneigt sind, die Menschen zu lieben, was die Grundlage des Rechtes ist" (1, 43). Die Enzyklika ist sehr unterschiedlich aufgenommen und vielfach missverstanden worden. Die wohl wichtigste Ursache für viele Missverständnisse benennt der Papst in der Nr. 74, wo er sagt: „die Möglichkeiten technischer Eingriffe scheinen so weit vorangekommen zu sein, daß sie uns vor die Wahl zwischen den zwei Arten von Rationalität stellen: die auf Transzendenz hin offene Vernunft oder die in der Immanenz eingeschlossene Vernunft". „Die Rationalität des auf sich selbst zentrierten technischen Machens erweist sich jedoch als irrational, weil sie eine entschiedene Ablehnung von Sinn und Wert mit sich bringt. Nicht zufällig prallen das Sich-Verschließen gegenüber der Transzendenz und die Schwierigkeit zu denken, wie aus dem Nichts das Sein hervorgegangen und wie aus dem Zufall der Verstand entstanden sein soll, aufeinander" (Nr. 74). In der Nr. 70 erkennt er hinsichtlich der Technik, „die selbst zu einer ideologischen Macht geworden ist": „Diese Vorstellung macht heute die technizistische Mentalität so stark, dass sie das Wahre mit dem Machbaren zusammenfallen läßt."

Die Enzyklika bietet eine große Fülle grundlegender und wegweisender Ausführungen, die hier nur in einem sehr begrenzten Maß wiedergegeben werden können. Ich will mich vor allem auf jene Ausführungen konzentrieren, die das Naturrecht betreffen oder damit im Zusammenhang stehen. In der Einleitung, Nr. 6, steht: „Caritas in veritate' ist das Prinzip, um das die Soziallehre der Kirche kreist, ein Prinzip, das in Orientierungsmaßstäben für das moralische Handeln wirksame Gestalt annimmt. Besonders zwei von ihnen möchte ich erwähnen, die speziell beim Einsatz für die Entwicklung in einer Gesellschaft auf dem Weg zur Globalisierung erforderlich sind: die Gerechtgkeit und das Gemeinwohl." Diese beiden „Orientierungsmaßstäbe" hängen untrennbar mit dem Naturrecht zusammen. Bereits in der Enzyklika *Deus caritas est* war der Papst speziell auf die Bedeutung der Gerechtigkeit für die staatliche Ordnung eingegangen. Er schrieb: „Die gerechte Ordnung der Gesellschaft und des Staates ist zentraler Auftrag der Politik. Ein Staat, der nicht durch Gerechtigkeit definiert wäre, wäre nur eine große Räuberbande, wie Augustinus einmal sagte:" Wenn die Gerechtigkeit beseitigt ist, was sind dann Reiche anderes als große Räuberbanden? (Originalzitat lateinisch).[17] In diesem Zusammenhang muss der Papst natürlich auch die Frage stellen: „Was ist Gerechtigkeit?" Er antwortet: „Dies ist eine Frage der praktischen Vernunft; aber damit die Vernunft recht funktionieren kann, muss sie immer wieder gereinigt werden, denn ihre ethische Erblindung durch das Obsiegen des Interesses und der Macht, die die Vernunft blenden, ist eine nie ganz zu bannende Gefahr."

Dann folgt in *Deus caritas est* ein Absatz, der für das Verständnis der Sache und der Enzyklika *Caritas in veritate* so wichtig ist, dass er zunächst im Zusammenhang wiedergegeben werden muss:

„An dieser Stelle berühren sich Politik und Glaube. Der Glaube hat gewiss sein eigenes Wesen als Begegnung mit dem lebendigen Gott – eine Begegnung, die uns neue Horizonte weit über den eigenen Bereich der Vernunft hinaus öffnet. Aber er ist zugleich auch eine reinigende Kraft für die Vernunft selbst. Er befreit sie von der Perspektive Gottes her von ihren Verblendungen und hilft ihr deshalb, besser sie selbst zu sein. Er ermöglicht der Vernunft, ihr eigenes Werk besser zu tun und das ihr Eigene besser zu sehen. Genau hier ist der Ort der Katholischen Soziallehre anzusetzen: Sie will nicht der Kirche Macht über den Staat verschaffen; sie will auch nicht Einsichten und Verhaltensweisen, die dem Glauben zugehören, denen aufdrängen, die diesen Glauben nicht teilen. Sie will schlicht zur Reinigung der Vernunft beitragen und dazu helfen, dass das, was recht ist, jetzt und hier erkannt und dann auch durchgeführt werden kann" (Nr. 28 a).

Das 4. Kapitel der Enzyklika *Caritas in veritate* hat die Überschrift: „Entwicklung der Völker, Rechte und Pflichten, Umwelt". Die Nr. 43 beginnt mit einem Zitat aus der Enzyklika *Populorum progessio* von Papst Paul VI.: „Die Solidarität aller, die etwas Wirkliches ist, bringt für uns nicht nur Vorteile mit sich, sondern auch Pflichten". Aus den überaus wichtigen Einzelheiten dieses Kapitels, das bis zur Nr. 52 reicht, können hier nur einige Fragmente wiedergegeben werden. Ein existentiell wichtiger Punkt ist die demographische Situation gerade in den „Wohlstandsgesellschaften". Der Papst sagt dazu: „Der Geburtenrückgang, der die Bevölkerungszahl manchmal unter den kritischen demographischen Wert sinken läßt, stürzt auch die Sozialhilfesysteme in die Krise". Nach Hinweisen auf weitere Folgen sagt er: „Diese Situationen weisen die Symptome eines geringen Vertrauens in die Zukunft sowie einer moralischen Müdigkeit auf. Daher wird es zu einer sozialen und sogar ökonomischen Notwendigkeit, den jungen Generationen wieder die Schönheit der Familie und der Ehe vor Augen zu stellen". Betreffend die Umwelt wird in der Nr. 49 gesagt: „Die internationale Gemeinschaft hat die unumgängliche Aufgabe, institutionelle Wege zu finden, um der Ausbeutung der nicht erneuerbaren Ressourcen Einhalt zu gebieten". In der Nr. 50 wird hinzugefügt: „Diese Verantwortung ist global, weil sie nicht nur die Energie, sondern die ganze Schöpfung betrifft, die wir den neuen Generationen nicht ausgebeutet hinterlassen dürfen"; eine elementare Forderung des Naturrechts.

Zum Naturrecht selbst sagt Benedikt XVI. in *Caritas in veritate:* „In allen Kulturen gibt es besondere und vielfältige ethische Übereinstimmungen, die Ausdruck derselben menschlichen, vom Schöpfer gewollten Natur sind und die von der ethischen Weisheit der Menschheit Naturrecht genannt wird. Ein solches universales Sittengesetz ist die feste Grundlage eines jeden kulturellen, religiösen und politischen Dialogs und erlaubt dem vielfältigen Pluralismus der verschiedenen Kulturen, sich nicht von der gemeinsamen Suche nach dem Wahren und Guten und nach Gott zu lösen. Die Zustimmung zu diesem in die Herzen eingeschriebenen Gesetz ist daher die Voraussetzung für jede konstruktive soziale Zusammenarbeit" (Nr. 59). In der Nr. 68 steht die programmatische Aussage: „Die Entwicklung des Menschen verkommt, wenn er sich anmaßt, sein eigener und einziger Hervorbringer zu sein. Ähnlich gerät die Entwicklung der Völker aus den Bahnen, wenn die Menschheit meint, sich wiedererschaffen zu können, wenn sie sich der ‚Wunder' der Technik bedient. So wie sich die wirtschaftliche Entwicklung als trügerisch und schädlich herausstellt, wenn sie sich den ‚Wundern' der Finanzwelt anvertraut, um ein unnatürliches und konsumorientiertes Wachstum zu unterstützen. Gegenüber dieser prometheischen Anmaßung müssen wir die Liebe zu einer Freiheit stärken, die nicht willkürlich ist, sondern durch die Anerkennung des ihr vorausgehenden Guten menschlicher geworden ist. Dazu muß der Mensch wieder zu sich kommen, um die Grundnormen des natürlichen Sittengesetzes zu erkennen, das Gott ihm ins Herz geschrieben hat." In der Nr. 71 heißt es: „Ohne rechtschaffene Menschen, ohne Wirtschaftsfachleute und Politiker, die in ihrem Gewissen den Aufruf zum Gemeinwohl nachdrücklich leben, ist die Entwicklung nicht möglich."

Die Bedeutung der Massenmedien für die geistige Entwicklung des Menschen wird in der Nr. 73 hervorgehoben: „Mit der technologischen Entwicklung verbunden ist die gesteigerte Verbreitung der sozialen Kommunikationsmittel." Nach Hinweisen auf Gefahren der Medien schreibt der

Papst: „Angesichts ihrer fundamentalen Bedeutung bei der Bestimmung von Veränderungen in der Art und Weise, wie die Wirklichkeit und die menschliche Person selbst wahrgenommen und kennengelernt wird, wird ein aufmerksames Nachdenken über ihren Einfluß besonders gegenüber der ethisch-kulturellen Dimension der Globalisierung und der solidarischen Entwicklung der Völker notwendig." Und weiter: „Die sozialen Kommunikationsmittel begünstigen weder die Freiheit noch globalisieren sie die Entwicklung und die Demokratie für alle einfach deshalb, weil sie die Möglichkeiten der Verbindung und Zirkulation von Ideen vervielfachen. Um solche Ziele zu erreichen, müssen sie auf die Förderung der Würde der Menschen und der Völker ausgerichtet sein, ausdrücklich von Liebe beseelt sein und im Dienst der Wahrheit, des Guten sowie der natürlichen und übernatürlichen Brüderlichkeit stehen." Wenn das verwirklicht werden könnte, würde die Welt anders aussehen. Dazu sagt der Papst abschließend: „Die Medien können eine wertvolle Hilfe darstellen, um die Gemeinschaft der menschlichen Familie und das Ethos der Gesellschaft wachsen zu lassen, wenn sie Werkzeuge zur Förderung der allgemeinen Teilnahme an der gemeinsamen Suche nach dem, was gerecht ist, werden" (Nr. 73).

In der Nr. 75 geht der Papst auf den Menschen bedrohende „Szenarien" ein. Er sieht, „daß die soziale Frage in radikaler Weise zu einer anthropologischen Frage geworden ist, insofern sie die Möglichkeit selbst beinhaltet, das Leben, das von den Biotechnologien immer mehr in die Hände des Menschen gelegt wird, nicht nur zu verstehen, sondern auch zu manipulieren. In der heutigen Kultur der totalen Ernüchterung, die glaubt, alle Geheimnisse aufgedeckt zu haben, weil man bereits an die Wurzel des Lebens gelangt ist, kommt es zur Entwicklung und Förderung von In-vitro Fertilisation, Embryonenforschung, Möglichkeiten des Klonens und der Hybridisierung des Menschen. Hier findet der Absolutheitsanspruch der Technik seinen massivsten Ausdruck. In dieser Art von Kultur ist das Gewissen nur dazu berufen, eine rein technische Möglichkeit zur Kenntnis zu nehmen. Man kann jedoch nicht die beunruhigenden Szenarien für die Zukunft des Menschen und die neuen mächtigen Instrumente, die der ‚Kultur des Todes' zur Verfügung stehen, bagatellisieren. Zur verbreiteten tragischen Plage der Abtreibung könnte in Zukunft – aber insgeheim bereits jetzt schon ‚in nuce' vorhanden – eine systematische eugenische Geburtenplanung hinzukommen. Auf der entgegengesetzten Seite wird einer ‚mens euthanasica' der Weg bereitet, einem nicht weniger mißbräuchlichen Ausdruck der Herrschaft über das Leben, das unter bestimmten Bedingungen als nicht mehr lebenswert betrachtet wird. Hinter diesen Szenarien stehen kulturelle Auffassungen, welche die menschliche Würde leugnen. Diese Praktiken sind ihrerseits dazu bestimmt, eine materielle und mechanistische Auffassung vom menschlichen Leben zu nähren."

In derselben Nr. wird auch das Problem aufgezeigt, dass viele „unerhörte Ungerechtigkeiten zu tolerieren" scheinen. Er sagt dann: „Während die Armen der Welt noch immer an die Türen der Üppigkeit klopfen, läuft die reiche Welt wegen eines Gewissens,[18] das bereits unfähig ist, das Menschliche zu erkennen, Gefahr, jene Schläge an ihre Tür nicht mehr zu hören. Gott enthüllt dem Menschen den Menschen; die Vernunft und der Glaube arbeiten zusammen, ihm das Gute zu zeigen, wenn er es nur sehen wollte; das Naturrecht, in dem die schöpferische Vernunft aufscheint, zeigt die Größe des Menschen auf, aber auch sein Elend, wenn er den Ruf der moralischen Wahrheit nicht annimmt."

# Ergebnis

Der Titel dieses Buches geht davon aus, dass es, bildlich gesprochen, ein ins Herz geschriebenes Gesetz gibt. Die im
dritten Kapitel angeführten Beispiele von Antigone, Camillus und Cato Censorius bezeugen, was der Apostel Paulus an
die Römer (2,14–15) schreibt: „Wenn nämlich die Heiden,
die kein Gesetz haben, von Natur aus die Vorschriften des
Gesetzes erfüllen", so zeigen sie, „daß die Forderungen des
Gesetzes in ihr Herz geschrieben sind". Diese Erkenntnis
hat besonders Kardinal Newman ausführlich entwickelt.
Er war der Überzeugung, „dass das Naturrecht Gottes dem
Herzen jedes Menschen eingeschrieben ist. Das Gewissen
ist die innere Stimme, die seine objektive moralische Wahrheit bezeugt" (Die Tagespost 23.6.09, S. 4). Benedikt XVI.
hat, wie oben (Kap. 10 III 4) gezeigt werden konnte, vor
allem in seiner Enzyklika *Caritas in veritate* mehrfach die
Bedeutung dieses „in die Herzen eingeschriebenen Gesetzes" (Nr. 59) hervorgehoben.

Nach allem, was zur Frage des Naturrechts gesagt werden
konnte, kann das Ergebnis nur lauten: Ohne jeden Zweifel
gibt es ein Naturrecht. Es ist vom Menschen seit frühester
Zeit erkannt und praktisch angewandt worden. Es hat seit
dem zweiten Jahrhundert v. Chr. die gesamte Rechtsentwicklung Europas geprägt. Aus diesen Erkenntnissen sind
die „Naturrechtsgesetzbücher" hervorgegangen, das preußische Allgemeine Landrecht von 1794, der französische
Code civil von 1804 und das österreichische Allgemeine
bürgerliche Gesetzbuch von 1811 (ABGB). Auf dieser Basis
kann das ABGB noch heute im § 16 sagen: „Jeder Mensch
hat angeborene, schon durch die Vernunft einleuchtende
Rechte". Daher ist die Kenntnis des Naturrechts nicht eine
Frage irgendwelcher mehr oder weniger zuverlässiger philo-

sophischer Theorien, sondern eine Realität in der gesamten Entwicklung der europäischen Rechtskultur. Nur auf der Grundlage des Naturrechts konnte die Allgemeine Erklärung der Menschenrechte von 1948 formuliert werden, in deren Präambel Abs. 1 gesagt wird, dass „die Anerkennung der allen Mitgliedern der menschlichen Familie innewohnenden Würde und ihrer gleichen und unveräußerlichen Rechte die Grundlage der Freiheit, der Gerechtigkeit und des Friedens in der Welt bildet". Das Deutsche Volk hat sich in Art. 1 Abs. 2 GG noch 1949 zu diesen Rechten bekannt. Sie sind durch die EMRK 1950 und von anderen Dokumenten bekräftigt worden.

Max Kaser konnte in seiner Schrift „Zur Methode der römischen Rechtsfindung" feststellen, dass nach „den Eindrücken, die die juristische Überlieferung zuverlässig vermittelt", bei der Rechtsfindung der römischen Juristen „die Gewinnung der richtigen Entscheidung durch ein unmittelbares Erfassen" im Vordergrund stand (Kap. 4, Anm. 10), das Kaser selbst als „*Intuition*" bezeichnet. Das meint auch das ABGB im § 16 mit „durch die Vernunft einleuchten". Die römischen Juristen haben dazu keine „Theorie einer intuitiven Erfassungsweise" entwickelt, wie Ota Weinberger meinte,[19] sondern einfach ihre Vernunft in rechter Weise gebraucht. Man kann sich jedoch auch gegen dieses „Einleuchten" verschließen. Die heutige Wissenschaftstheorie hat dies grundsätzlich getan mit der Folge, dass dann auch über die vom Positivismus gezogenen Grenzen der Wissenschaft hinaus nichts „einleuchten" kann. Gerade gegen diese „selbstverfügte Beschränkung der Vernunft" hat Papst Benedikt XVI. in seiner wichtigen Vorlesung in Regensburg die „Verantwortung für den rechten Gebrauch der Vernunft" angemahnt.[20] Was die „selbstverfügte Beschränkung der Vernunft" bedeutet, hat Ota Weinberger, Professor für Rechtsphilosophie und Logik in Graz (emeritiert 1989), in der Diskussion nach einem Vortrag veranschaulicht, den ich 1981 gehalten hatte. Er hat nämlich die Tatsache, dass seit der Antike Naturrecht erkannt wurde, nicht als Argument dafür gelten lassen, dass es deswegen auch existiert. Ich hatte damals leider nicht die Schlagfertigkeit, ihn als Logiker zu fragen, ob auch die Tatsache, dass er logische Gesetze erkennt und anwendet, nichts für ihre Existenz beweist. Weinberger hat sich damit leider auf die gleiche Ebene mit Leinweber begeben, der behauptet, „daß wir noch niemals eine Kenntnis, sondern nur ‚die Illusion einer Kenntnis des Naturrechts' besaßen" (Kap. 1, Anm. 7).

Angesichts der tatsächlichen Rechtsentwicklung können solche Behauptungen nur zeigen, wohin die „selbstverfügte Beschränkung der Vernunft" führt. Umgekehrt zeigen die Erkenntnisse der römischen Rechtswissenschaft, was der „rechte Gebrauch der Vernunft" leisten kann. Sie konnten dadurch eine Rechtskultur schaffen, die bis heute auch die Grundlage unserer Rechtskultur ist. Dies zeigen natürlich auch die Erkenntnisse der antiken griechischen Philosophie, die dazu beigetragen haben, dass die römischen Juristen die Leistungen erbringen konnten, die sie tatsächlich erbracht haben. Und das soll alles nur auf „Illusion" beruhen! Die Erkenntnisse seit der Antike können vielmehr eine große Hilfe dafür sein, heute herrschende irrige Theorien zu überwinden und die menschliche Vernunft aus der „selbstverfügten Beschränkung" zu befreien.

Ein Modell für den Prozess einer solchen Befreiung hat der italienische Philosoph Giovanni Reale mit seinem 1995 erschienenen Buch beigetragen, dessen Titel in deutscher Übersetzung etwa so wiedergegeben werden kann: „Weisheit des Altertums, Therapie für die Übel des Menschen von heute".[21] Die hauptsächliche Wurzel dieser Übel sieht er in einem verbreiteten Nihilismus. Er möchte mit diesem Buch die Gründe für eine bewusste „Rückkehr" zu den Wurzeln unserer Kultur darlegen, um ihre Nahrung wiederzuerlangen, die dem zeitgenössischen Menschen, der geistig so verfallen ist, helfen könnte, wieder zu sich zu kommen und vielleicht zu gesunden.[22]

Ich hoffe, mit diesem Aufzeigen der Wirklichkeit des Naturrechts in der ganzen Menschheitsgeschichte und vor allem in der Rechtsentwicklung seit der Antike auch einen Beitrag im Sinne von Giovanni Reale leisten zu können. Nur wenn diese Grundlagen wieder mehr anerkannt und tatsächlich beachtet werden, kann es auch wieder einen wirksamen Schutz der Menschenrechte geben. Die Bildung des Rechtsbewusstseins ist daher eine der wichtigsten Aufgaben, um eine europäische Wertegemeinschaft auf der Grundlage des „gemeinsamen Erbes an geistigen Gütern" wiederherstellen zu können. Anders kann eine menschenwürdige Zukunft der Menschheit nicht gesichert werden.

# Anhang

## Erstes Kapitel
## Einleitung

1   So M. Kriele, Einführung in die Staatslehre, ⁵1994, 330.

2   Dazu eingehend F. Wieacker, Privatrechtsgeschichte der Neuzeit, ²1967, 322–347.

3   7. unveränderte Auflage, Berlin 1984, vorher Innsbruck.

4   Naturrecht 35.

5   Vgl. Historisches Wörterbuch der Philosophie 7 (1989) 1118 f. zu „Positivismus".

6   H. Kelsen, Recht und Logik, in: Die Wiener rechtstheoretische Schule 2, Wien 1968, 1474.

7   A. Leinweber, Gibt es ein Naturrecht? Beiträge zur Grundlagenforschung der Rechtsphil., ³1972, 280 und 284 f.

8   Vgl. Das Naturrecht im Disput, Hrsg. von Franz Böckle, Düsseldorf 1966.

9   Ebenfalls Düsseldorf.

10   J. Fuchs, Naturrecht oder naturalistischer Fehlschluß, Stimmen der Zeit 206 (1988), 407–423, betreffend die zitierten Aussagen bes. 411–415 und 422. Dazu ausführlich mein Beitrag „Naturrecht und naturalist. Fehlschluß", in: Fides et ius, FS Georg May (1991), 33–58.

11   Tiberius Gracchus und die Juristen seiner Zeit – die römische Jurisprudenz gegenüber der Staatskrise des Jahres 133 v. Chr., in: Das Profil des Juristen in der europäischen Tradition, Symp. Wieacker, Hrsg. von K. Luig und D. Liebs, 1980, 53.

12   Cic. Brut. 114.

13   Vgl. Behrends, Prinzipat und Sklavenrecht, in: Rechtswissenschaft und Rechtsentwicklung, Göttinger rechtswissensch. Studien Bd. 111, Göttingen 1980, 73, bezogen auf P. Mucius, aber für Rutilius ebenso gültig.

14   Ulp. D. 1, 1, 1, 2.

15   H. Schambeck, Naturrecht und Zeitverantwortung, in: Mensch und Naturrecht in Evolution, hrsg. von W. Freistetter und R. Weiler, Graz 2008, 15.

## Zweites Kapitel
## Argumente gegen das Naturrecht

**1** Dazu W. Waldstein, Sein und Sollen als rechtswiss. Problem, in: Wissenschaft und Glaube 1(1988) 53–66.

**2** Dazu Waldstein, WuG 1, 57–60.

**3** U. Klug, Die Reine Rechtslehre von Hans Kelsen und die formallogische Rechtsfertigung der Kritik an dem Pseudoschluß vom Sein auf das Sollen, in: Law, State, and International Legal Order, Essays in Honor of Hans Kelsen, Knoxville 1964, 164.

**4** Law 155 f.

**5** Law 168, Hervorh. von mir.

**6** Kelsen, Recht und Logik (vgl. Kap. 1, Anm. 6), 1470.

**7** Recht und Logik 1472.

**8** Vgl. K. Larenz, Methodenlehre der Rechtswissenschaft, ⁶1991, 117.

**9** Kelsen, Recht und Logik 1474.

**10** Kelsen, Die Grundlage der Naturrechtslehre, in: Das Naturrecht in der polit. Theorie, Hrsg. F.-M. Schmölz, Wien 1963, 1.

**11** Vgl. vorige Anm.

**12** Aristot. metaph. 4, 3; 1005 b 5–34.

**13** Aristot. metaph. 4, 4; 1006 a 6–9.

**14** Aristot. an. post. 2, 19; 100 b 12–15.

**15** Aristot. metaph. 4, 5; 1009 b 38–1010 a 5. Übers. Rolfes.

**16** Aristot. metaph. 2, 2; 994 b 16–31.

**17** Vgl. oben bei Anm. 6.

**18** Dazu ausführlich mein Beitrag in: FS May (1991), 33–58.

**19** Stimmen 206, 411.

**20** Pastoralkonstitution über die Kirche in der Welt von heute Art. 51 Abs. 3.

**21** Vgl. Kap. 1, Anm. 8.

**22** Stimmen 422.

**23** Stimmen 422 f.

**24** Cicero sagt vorher: „unsere Sinneswerkzeuge verderben kein Vater, keine Amme, kein Lehrer, kein Dichter, keine Bühne; keine Zustimmung der Masse zieht sie von der Wahrheit ab".

**25** Cic. leg. 1, 47; Übersetzung von K. Büchner, Marcus Tullius Cicero, Über die Rechtlichkeit (De legibus), Stuttgart 1969, S. 29.

**26** Shakespeare, Hamlet, Zweiter Aufzug, Zweite Szene.

**27** Lex naturae 9.

**28** Gemeint ist: „der Versuch einer naturrechtlichen Beantwortung der Frage nach richtiger geschlechtlicher Selbstverwirklichung".

**29** Stimmen 414.

**30** Vgl. St. Buchholz, Recht, Religion und Ehe, Orientierungswandel etc., 1988, 136 f.

**31** Buchholz, Recht (vorige Anm.) 159 f.

**32** Zusammenfassende Kurzfassung bei Karl Ploetz, Auszug aus der Geschichte, 25, Würzburg 1956, 778 f.


## Drittes Kapitel
## Die geschichtliche Wirklichkeit des Naturrechts

**1** Vgl. A. Verdross, Die Begründung der antiken Rechtsphil. durch Hesiod, Öst. Akad. der Wiss., Wien (1966), 23–32, zitierter Text 28.

**2** Verdross, Begründung 28 f.

**3** Aristot. rhet. 1, 13; 1373 b 9–13 und rhet. 1, 15; 1375 a 33–b 2.

**4** H. Welzel, Naturrecht und materiale Gerechtigkeit, Göttingen (⁴1962) 239.

**5** Sophokles, Tragödien. Nach der Übertragung von J. J. Christian Donner, München 1956.

**6** Liv. 5, 27, 4–6.

**7** Zitate aus Liv. 5, 27, 2–9 in der Übersetzung von H. J. Hillen, Sammlung Tusculum 1991.

**8** Liv. 5, 27, 13.

**9** Cic. off. 3, 31. Zur Vermeidung von Unklarheiten möchte ich darauf hinweisen, daß ich mich bei den Zitaten aus Cicero an die Zitiernormen des Thesaurus linguae Latinae halte, nach denen die alten ebenfalls durchlaufenden Kapitelzahlen entfallen und nur die Zahlen der §§ angegeben werden.

**10** Aristot. eth. Nic. 5, 10; 1134 b 18–21. Vgl. Übersetzung von F. Dirlmeier, Aristoteles Werke in deutscher Sprache, hrsg. von E. Grumach, Bd. 6 Nikomachische Ethik, Darmstadt 1956. In künftigen Zitaten wird diese Übersetzung verwendet.

**11** Aristoteles, Werke in deutscher Übersetzung, Band 8, Magna Moralia, übersetzt von F. Dirlmeier, Darmstadt 1958.

## Viertes Kapitel
## Naturrecht im römischen Recht und in der europäischen Rechtsentwicklung

**1** Vgl. O. Behrends, R. Knütel, B. Kupisch, H. H. Seiler, Corpus Iuris Civilis, Text und Übersetzung II, Digesten 1–10, S. 92. Künftig wird in der Regel, so weit verfügbar (bis jetzt bis zum 27. Buch der Digesten), diese Übersetzung zitiert.

**2** Vgl. dazu W. Waldstein, Ius naturale im nachklassischen römischen Recht und bei Justinian, in: ZRG Rom. Abt. 111 (1994) 37.

**3** Vgl. Kap. 2, Anm. 25.

**4** Aristot. metaph. 4, 6; 1011 a 30 ff. zitiert fast wörtlich das gleiche Argument gegen die Wahrheit, „daß alles ebenso zugleich wahr und falsch sei; es erscheine ja nämlich nicht allen dasselbe, und sogar nicht denselben immer dasselbe, sondern oftmals auch zu derselben Zeit Entgegengesetztes" (Übersetzung Bonitz/Seidl, [3]1989). In metaph. 4, 5; 1010 a 3 f. weist er dagegen gerade darauf hin, daß im Sinnlichen „die Natur des Unbestimmten ... vorherrschend" ist gegenüber der Sicherheit geistiger Erkenntnis wesensnotwendiger Gegebenheiten. Vgl. dazu Waldstein, IVRA 44 (1993, erschienen 1996) 139 ff.

**5** Vgl. Cic. Tusc. 4, 6; Ulp. D. 1, 1, 1, 1.

**6** Für diesen Teil konnte ich keiner der verschiedenen Übersetzungen folgen. In diesem Zusammenhang bedeutet ratio zweifellos Ordnung.

**7** Übersetzung von Büchner, weiter kann ich der nicht folgen.

**8** Büchner übersetzt das Wort *lator* bei Cicero mit „Antragsteller". Prinzipiell kann das Wort dies bedeuten. Es bedeutet aber auch Gesetzgeber. Im Kontext kann es nur das bedeuten, denn Gott kann nicht als „Antragsteller" eines Gesetzes auftreten. Bei wem sollte er das „beantragen"?

**9** Übersetzung des ersten Satzes von mir, der Fortsetzung von Büchner, Sammlung Tusculum 1987.

**10** Nachr. der Akad. d. Wiss. in Göttingen, phil.-hist. Klasse, Jahrg. 1962, Nr. 2, [2]1969, 54.

**11** Eth. Nic. 1, 1; 1094 b 11–27; er wiederholt es in eth. Nic. 1, 7; 1098 a 26–29 und 2, 2; 1103 b 34–1104 a 5. In eth. Nic. 9, 2;

1165 a 2–18, stellt er nochmals fest: „Im übrigen haben wir schon wiederholt festgestellt, daß die wissenschaftliche Behandlung menschlichen Empfindens und Handelns nur eben den Exaktheitsgrad erreichen kann, den der Stoff zuläßt."

**12** A. Verdross, Statisches und dynamisches Naturrecht, rombach 1971, 93 mit ausdrücklicher Bezugnahme auf Aristot. eth. Nic. 1, 1 und 1, 7.

**13** Dazu noch unten III.

**14** Dazu bereits Kap. 2, Anm. 12.

**15** Dazu ausführlich Waldstein, Zur Bedeutung der „Verantwortung für den rechten Gebrauch der Vernunft" bei Papst Benedikt XVI. für die Frage des Naturrechts, in: Die göttliche Vernunft und die inkarnierte Liebe, Festschrift zum 80. Geburtstag Seiner Heiligkeit Papst Benedikts XVI., hrsg. von A. Graf von Brandenstein-Zeppelin, A. von Stockhausen, J. H. Bernischke, Gustav-Sievert-Akademie, Weilheim-Bierbronnen 2007, 555–574.

**16** Vgl. den in Anm. 2 genannten Beitrag.

**17** Dazu noch unten Kap. 6 II.

**18** Vgl. dazu nur W. Waldstein, Das Menschenrecht zum Leben, Berlin 1982, bes. 26–66; auch Natural law and the defence of life in Evangelium Vitae, in: Evangelium Vitae, Five Years of Confrontation with the Society, Proceedings of the Sixth Assembly of the Pontifical Academy for Life, Edited by Juan de Dios Vial Correa and Elio Sgreccia, Città del Vaticano 2001, 223–242.

**19** Prinzipien des römischen Rechts, Vorlesungen von Fritz Schulz, Berlin 1934 , Nachdruck Berlin 1954, S. 23 f. Das kursiv hervorgehobene Wort *Naturrecht* ist im Original gesperrt.

**20** Eine Übersicht über das Schrifttum habe ich in meinem Beitrag zu den „Entscheidungsgrundlagen der klassischen römischen Juristen", in: Aufstieg und Niedergang der römischen Welt (ANRW), hrsg. von H. Temporini II 15, 1976, S. 78 ff., gegeben, dort besonders die Anm. 278.

**21** Vgl. dazu A. Steinwenter, Der Einfluß des römischen Rechts auf die Kodifikation des bürgerlichen Rechtes in Österreich, in: Studi in memoria di P. Koschaker I (1954) 414 f. Zur Beziehung des römischen Rechts zum Naturrecht vgl. ferner P. Koschaker, Europa und das römische Recht, ⁴1966, 252.

**22** L. Pfaff / F. Hofmann, Commentar zum öst. allg. bürgerl. Gesetzbuche I (1877) 195 Anm. 171; dort weitere Hinweise.

**23** Pompon. D. 12, 6, 14.

**24** Vgl. Ulp. D. 47, 2, 12, 1, dort auf die Ablehnung des Klagerechts als Folge aus dem Grundstz formuliert.

**25** Sammlung Zivilsachen (=SZ) 52 (1974) Nr. 104, S. 460.

**26** Vgl. vorige Anm.

**27** SZ 48 (1975) Nrn. 67 und 79.

**28** SZ 48, Nr. 79, S. 428. Vgl. allgemein dazu Th. Mayer-Maly, Die natürlichen Rechtsgrundsätze als Teil des geltenden österreichischen Rechts, in: Das Naturrechtsdenken heute und morgen, Gedächtnisschrift für R. Marcic, hrsg. von D. Mayer-Maly und P. M. Simons, Berlin 1983, 853–864.

**29** Vgl. Ulp. D. 47, 2, 12, 1.

**30** Koschaker, Europa 346.

**31** Als „rombach hochschul paperback band 20", Freiburg 1971.

**32** Naturrecht 116.

**33** Joachim Detjen, Neopluralismus und Naturrecht. Zur politischen Philosophie der Pluralismustheorie (Politik- und Kommunikationswissenschaftliche Veröffentlichungen der Görres-Gesellschaft Bd. 1), Paderborn u. a. 1988, bes. S. 639.

**34** Vgl. dazu Karl Larenz, Methodenlehre der Rechtswissenschaft, [6]1991, 117.

**35** Vgl. dazu die glänzende Kritik des kritischen Rationalismus von W. Henke, Recht und Staat, Heft 434, Tübingen 1974.

**36** Siehe Kap. 1, Anm. 7.

**37** So Leinweber, Gibt es ein Naturrecht? (S. 161, Anm. 7), 280 und 284 f.

**38** Öst. Z. öff. Recht 18 (1968) 132 f. Die Rezension von Messner ist der einzige Bezugspunkt für die Nennung des Namens Messner im Namensregister. Das gewaltige Werk von Messner kommt sonst nicht vor.

**39** Reine Rechtslehre, Wien 2 (Neudruck) 1967, 442. Dazu Waldstein, Gesetz und Gerechtigkeit, in: Wahrheit, Wert und Sein, Festgabe für Dietrich v. Hildebrand zum 80. Geburtstag, Hrsg. von B. Schwarz, Habbel, Regensburg 1970, 187–189.

**40** Vgl. Cic. Tusc. 4, 6; Ulp. dig. 1, 1, 1, 1. Dazu Waldstein, Römische Rechtswissenschaft und wahre Philosophie, Index 22 (1994) 31–45, zu den zitierten Texten dort 33–37.

**41** Aristot. metaph. 4, 5; 1010 a 1–5.

**42** Aristot. metaph. 4, 5; 1009 a 7–12.

**43** Aristot. metaph. 4, 8; 1012 b 13 ff.

**44** Die neue Wissenschaft der Politik, deutsche Ausg. 1959, Sonderausgabe der Stifterbibliothek 1977, 48 f. Die Zitate beziehen sich auf diese Ausg.

**45** Neue Wissenschaft 49.

**46** Cic. off. 3, 31, vgl. Kap. 3, Anm. 9.

**47** M. Kriele, Einführung in die Staatslehre, ⁵1994, 328 ff.

**48** Einführung 328 f. Eine ausführlichere Auseinandersetzung mit dem Naturrechtsproblem in seinem Beitrag „Rechtspositivismus und Naturrecht politisch beleuchtet", in: Recht – Vernunft – Wirklichkeit, Berlin 1990, 487–504.

**49** Einführung 132.

**50** Präambel Abs. 5, wiedergegeben bei Klecatsky/Morscher, Das österreichische Bundesverfassungsrecht 3, 1982, 1052.

**51** In einer Rede vom 26.9.1950, zitiert bei E. Genzmer, FS für Rudolf Laun, Hamburg 1953, 499.

**52** FS Laun (vorige Anm.) 499 ff.

**53** Vgl. Klaus-Berto v. Doemming / Rudolf Werner Füsslein / Werner Matz, Entstehungsgeschichte der Artikel des Grundgesetzes, in: Gerhard Leibholz / Hermann v. Mangoldt (Hrsg.), Jahrbuch des öffentlichen Rechts der Gegenwart, NF Bd. 1 (1951), S. 29 und die Diskussion dort ff. Zum Problem eingehend Ethel Leonore Behrendt, Gott im Grundgesetz, Der vergessene Grundwert „Verantwortung vor Gott", München 1980.

**54** BVerfGE 1 (1951), Nr. 10, S. 18. Dazu und allgemein Gebhard Müller, Naturrecht und Grundgesetz, Zur Rechtsprechung der Gerichte, besonders des Bundesverfassungsgerichts, Würzburg 1967, S. 26 und ff. mit zahlreichen weiteren Hinweisen.

**55** BVerfGE 1, Nr. 10, S. 61.

**56** In: Jus. Zeitschrift für Studium und praktische Ausbildung 9 (1996) 768–778.

**57** Jus ... bei Kap. 5, Anm. 9.

## Fünftes Kapitel
## Das Menschenrecht zum Leben

**1** Darüber ist 1982, Berlin, ein Buch von mir erschienen.

**2** Vgl. R. Freudenberger, Das Verhalten der römischen Behörden gegen die Christen etc., München ²1969, bes. 109 f.

**3**  Denzinger-Schönmetzer, Enchiridion Symbolorum [34]1967, Nr. 648. In der Anm. 1 dazu wird auf spätere Abweichungen von diesem *consultum* Nikolaus' I. hingewiesen.

**4**  Vgl. den Kommentar von Frowein/Peukert zur EMRK (1985) 209, Randz. 33.

**5**  Einführung 132.

**6**  L'Osservatore Romano, Wochenausg. in deutscher Sprache vom 28. November 2008, S. 7

**7**  Hrsg. von C. Otto/B. Schilling/C. F. F. Sintenis, Leipzig 1831.

**8**  So M. Kaser, Das römische Privatrecht I [2]1971, 272 Anm. 17.

**9**  Alltag im alten Rom. Ein Lexikon, Zürich [2]1995, 13 zu „Abtreibung".

**10**  Zuerst in den Proceedings der 3. Versammlung der Päpstlichen Akademie für das Leben, Vatican 1998; leichter zugänglich in: Status Familiae, Festschrift für Andreas Wacke zum 65. Geburtstag, 2001, 513–529.

**11**  Vgl. Heumann/Seckel, Handlexikon zu den Quellen des römischen Rechts, Graz [11]1971, 439 zu Portio 3.

**12**  Vgl. Menge-Güthling, Enzyklopädisches Wörterbuch, [9]1955, 805 zu viscus.

**13**  OIR 6 (2000) 109. Vgl. dazu Waldstein, FS Mayer-Maly (2002) 847.

**14**  Die Klammer bei „rechtlich" bedeutet keine Einschränkung, sondern Einfügung: Das Wort dient der Klärung.

**15**  Corpus Iuris Civilis, Text und Übersetzung, II, Digesten 1–10, Heidelberg 1995, 119.

**16**  Hrsg. von M. Neider, 1976.

**17**  FS Broda 265.

**18**  Juristische Blätter 97 (1975) 317.

**19**  Reine Rechtslehre 253.

**20**  Abgedruckt bei Waldstein, Menschenrecht 153.

**21**  Grundriß der Menschenrechte in Österreich, Wien 1988, 55, Hervorh. im Original.

**22**  L'Osservatore Romano, Wochenausg. in deutscher Sprache, 6. März 2009, 7.

## Sechstes Kapitel
## Naturrecht als Grundlage des Eherechts

**1** Corpus Iuris Civilis (vgl. Kap. 4, Anm. 1) 92.

**2** Das Werk ist als Palimpsest erhalten, das ist eine Handschrift auf Pergament, die radiert worden ist, um das Pergament wiederverwenden zu können.

**3** Dazu bereits im 1. Kapitel.

**4** Corpus Iuris Civilis IV, 140. Die Übersetzer zitieren zu diesem Text: „Platon, Gesetze 4, 11, 721a; Aristoteles, Nikomachische Ethik 8, 14, 1162a 16-31.

**5** Copus Iuris Civilis I, Institutionen, ²1997, 5.

**6** Vgl. zur Übersetzung von *ratio* mit Ordnung Kap. 4, Anm. 6.

**7** Ausg. siehe Kap. 2, Anm. 25, dort 45.

**8** Dazu eingehend Waldstein, ANRW II 15 (Kap. 4, Anm. 20) 29–51.

**9** Die römische Ehe als Rechtsverhältnis, Böhlau, Wien 2002, 123–140.

**10** BVerfGE 1, Nr. 10, S. 18. Dazu Gebhard Müller, Naturrecht und Grundgesetz. Zur Rechtsprechung der Gerichte, besonders des Bundesverfassungsgerichts, Würzburg 1967, 26 ff.

**11** Vgl. dazu nur H.P. Westermann, Juristische Blätter 101 (1979), 113 ff., mit weiteren Hinweisen; Waldstein, Läßt sich Ehe beliebig definieren?, in: FS für Tadeusz Styczen zum 70. Geburtstag (Originaltitel polnisch), Lublin 2001, 364–379.

**12** Zu dieser Resulution vgl. A. Bettetini, La secolarizzazione del matrimonio nell'esperienza giuridica contemporanea, CEDAM, Padova 1996, 44 f. mit Nachweisen für die italienische Publikation.

**13** Matrimonio 45.

**14** Matrimonio 46.

**15** In der Fortsetzung des Textes wird gesagt, daß „diverse einschlägige Menschenrechtsorgane und das Europäische Parlament diese Bestimmungen verurteilt haben". Das Parlament „wiederholt seine Forderung nach einer Aufhebung dieser Klauseln".

**16** Vgl. den Beitrag von A. Riebel unter diesem Titel in: Die Tagespost vom 3. Januar 2001, S. 9.

**17** Die Presse vom 15. Februar 2000, S. 16.

**18** Zeit-Fragen vom 13. November 2000, S. 1.

**19** In der Erklärung: „Verantwortung für die öffentliche Moral, Anmerkungen zur gesetzlichen Nicht-Diskriminierung von Homosexuellen", L'Osservatore Romano, Wochenausgabe in deutscher Sprache vom 14. August 92, S. 2.

**20** So Kardinal Meisner zum Problem des therapeutischen Klonens, Die Tagespost vom 21. Dezember 2000, S. 4. Vgl. dort S. 1 auch den Beitrag: „Entsetzen über Klon-Genehmigung".

**21** So Kardinal Meisner, vgl. Die Tagespost vom 11. November 2000, S. 4.

**22** Vgl. nur Richard A. Cohen, Coming Out Straight, Understanding and Healing Homosexuality, Winchester, VA (USA), 2000, mit zahlreichen weiteren Hinweisen, auch auf „National Resources for Healing Homosexuality" S. 267–269.

**23** So Cohen in seinem Vortrag.

**24** Vgl. vorige Anm.

**25** Die Presse vom 28. November 2000. Anschließend hat Kostelka diese Aussage etwas abgeschwächt.

**26** Vgl. Kap. 4, Anm. 9.

**27** L'Osservatore Romano, Wochenausg. in deutscher Sprache vom 22. Dezember 2000, S. 6.

**28** Der Päpstliche Rat für die Familie hat 2001 eine ausführliche Erklärung zu „Familie, Ehe und ‚de-facto' Lebensgemeinschaften" herausgebracht, L'Osservatore (wie vorige Anm.) S. 14–16 (Kapitel I–II), vom 12. Januar 2001 S. 18–20 (Kapitel III–IV) und vom 26. Januar S. 10–12 (Kapitel V–VI).

## Siebtes Kapitel
### Das naturrechtlich begründete Erziehungsrecht der Eltern

**1** D. 1,1,1,3.

**2** Abgedruckt in: Europäische Grundrechte-Zeitschrift (= EuGRZ) 3 (1976) 478 ff.

**3** EuGRZ 3, 488.

**4** Urteil Nr. 53, in: EuGRZ 3 (1976) S. 489 – 491; Hervorh. von mir. Dazu mein Beitrag „Demokratie und ‚totalitäre Toleranz'", in: Demokratie in Anfechtung und Bewährung, FS Broermann 1982, S. 255–257.

**5** EuGRZ 3, 495.

**6** Methoden des Rechts, Bd. 4, 1977, 406.

**7** Bd. 4, 615 Anm. 598

## Achtes Kapitel
## Zur Bedeutung des Naturrechts für das Recht auf Eigentum

**1** Vgl. H. Rabe, Expropriation, in: Historisches Wörterbuch der Philosophie II, 1972, Sp. 877f.

**2** Vg. H. Honsell/Th. Mayer-Maly/W. Selb, Römisches Recht, Berlin u. a. [4]1987, 142.

**3** Marcus Tullius Cicero, Vom rechten Handeln, Lateinisch und Deutsch, Sammlung Tusculum, [3]1987, 19–21.

**4** Aristot. pol. 2, 3; 1261 b 33–36. Übersetzungen hier und in den folgenden Textteilen im Wesentlichen nach Siegfried (Hegner-Bücherei 1967).Die Ausdrücke „Privatbesitz" im Gegensatz zu „Gemeinbesitz" gehen vom gewöhnlichen Sprachgebrauch aus. Die Übersetzung von Schütrumpf, Darmstadt 1991, übersetzt richtig mit „persönliches Eigentum".

**5** Aristot. pol. 2, 3; 1261 b 24f.

**6** Aristot. pol. 2, 4; 1262 b 22f. Hier weiche ich von der Übersetzung bei Siegfried ab.

**7** Aristot. pol. 2, 5; 1263 a 40–b 1.

**8** Übersetzung Büchner, Sammlung Tusculum [3]1987.

**9** Kaser, Privatrecht I (vgl. Kap. 5, Anm. 8), 577, zum römischen Begriff *officium*.

**10** Cic. leg. 1, 42–45.

**11** Vgl. Kap. 3, Anm. 6.

**12** Summa Theologiae II-II q. 66, 2 in der „Antwort" *(Respondeo)*. Text aus: Die Deutsche Thomas-Ausgabe Bd. 18, Übersetzung von P. H. M. Christmann OP, 1953, 197f.

**13** Aristot. pol. 2, 5; 1263 a 37–40.

**14** Aristot. pol. 2, 5; 1263 b 23.

**15** Die neue deutsche Übersetzung von Behrends/Knütel/Kupisch/Seiler (Hrsg.), Corpus Iuris Civilis, Text und Übersetzung I, Heidelberg [2]1997, übersetzt: „Denn es ist dem Gemeinwohl förderlich, daß niemand seine Sache mißbraucht".

**16** Vgl. Kaser/Knütel, Römisches Privatrecht, [17]2003, S. 259.

**17** Vgl. Diokletians Preisedikt, hrsg. von S. Lauffer (Texte und Kommentare 5), Berlin 1971, Praef. 6–8; deutsche Übersetzung nach Karl Bücher, Beiträge zur Wirtschaftsgeschichte, Tübingen 1922, S. 226.

## Neuntes Kapitel
## Zur Bedeutung des Naturrechts im Vertragsrecht

**1** Überliefert von Iulius Paulus D.50,17,84,1. Übers.: Das Corpus juris civilis in's Deutsche übersetzt (vgl. Kap. 5, Anm. 7). Bd. 4/2, 1832. Zum *„Natura debere, ius gentium* und *natura aequum* im klassischen römischen Recht"* ausführlich Waldstein, in: Annali Palermo 52 (2007–2008), 429–460.

**2** Max Kaser, Ius Gentium, Köln/Weimar/Wien 1993.

**3** Vgl. Kap. 4, Anm. 1, II, Digesten 1–10, 410.

**4** Dazu werden in der Anm. 2 zitiert: Gaius 1, 158; Inst. 1, 15, 3.

**5** Ius gentium 161.

**6** Mit Hinweis auf Pierre Cornioley, Naturalis obligatio, 1964, 137 f., in der Anm. 658.

**7** Im Original gesperrt gesetzt.

**8** Ius gentium 161 f.

**9** Corpus Iuris Civilis III, 555.

**10** Corpus Iuris Civilis II, 93


## Zehntes Kapitel
## Zur Bedeutung des Naturrechts für die Soziallehre und den Sozialstaat

**1** Dazu Waldstein, Zur juristischen Relevanz der Gerechtigkeit bei Aristoteles, Cicero und Ulpian, in: Der Gerechtigkeitsanspruch des Rechts, FS für Th. Mayer-Maly 1996, 69.

**2** Dazu W. Waldstein, Soziale Schutzrechte im klassischen römischen Recht, Festschrift H. Niederländer, Heidelberg 1991, 181–194. Adamovich, Handbuch des österr. Verwaltungsrechts II [5]1953, 305.

**3** Dazu W. Waldstein, Operae libertorum, Untersuchungen zur Dienstpflicht freigelassener Sklaven, Stuttgart 1986, 131–299.

**4** Vincenzo Scarano Ussani, Valori e storia nelle cultura giuridica fra Nerva e Adriano, Studi su Nerazio e Celso (Pubbl. della Facoltà Giuridica dell'Universita di Napoli 169), Neapel 1979, 89.

**5** Vgl. oben bei und in Anm. 3. Aus seinen zahlreichen Werken sind in diesem Zusammenhang besonders zwei Aufsätze dervorzuheben: Zur Naturrechtsanthropologie, in: Dimensionen des Rechts, Gedächtnisschrift für R. Marcic, Berlin 1974, 207–224, zur Frage des Menschenbildes; Marxismus, Neomarxismus und der Christ, in: Kirche und Gesellschaft Nr. 22, Köln 1975.

**6** Naturrecht 233.

**7** Naturrecht 860.

**8** Naturrecht 861 f.

**9** Dazu F. Ermacora, Grundriß der Menschenrechte in Österreich, Wien 1988, 292–295.

**10** Naturrecht 1038 f.

**11** Naturrecht 1055.

**12** Naturrecht 558

**13** Utz/Groner Randnummer 4751

**14** So die Überschrift zu dem ab Nr. 26 beginnenden Abschnitt in *Deus caritas est.*

**15** Ansprache an das «Centro Italiano di studi per la Riconciliazione Internazionale», 13. Oktober 1955, Utz/Groner, Randnummer 6286.

**16** Utz/Groner, Randnummer 6284.

**17** De civitate Dei 4, 4: „Remota itaque iustitia quid sunt regna nisi magna latrocinia?"

**18** Die deutsche Übersetzung hat hier das Wort „Gefahr" angeschlossen, das sich auf den Schluss des Satzes bezieht. Ich habe es daher dorthin gestellt, wo es sprachlich hingehört.

**19** Österr. Z. öff. Recht 22 (1971) 81.

**20** L'Osservatore Romano, Wochenausgabe in deutscher Sprache vom 22. September 2006, S. 8.

**21** Saggezza antica: Terapia per i mali dell'uomo d'oggi, Milano 1995.

**22** Saggezza S. 7.

Stefan Rehder

# Die Todesengel

Euthanasie auf dem Vormarsch

Dignitas und Co.: Stefan Rehder, Journalist und Lebensschützer, blickt hinter die Kulissen und zeigt, wie skrupellose Sterbehelfer die Angst vieler Menschen vor Schmerzen und langem Leiden für ihr Geschäft mit dem Tod ausnützen.

SANKT ULRICH VERLAG

ISBN 978-3-86744-083-7
Geb., 192 Seiten

Alexandra M. Linder

# Geschäft Abtreibung

Skandalöses Geschäft: Eine Journalistin deckt die finanziellen Interessen bei Abtreibungen auf und enthüllt beklemmende Fakten.

Wer verdient an Abtreibungen und wieviel? Welche Firmen verarbeiten die Föten? Welche Rolle spielen die Krankenkassen?

ISBN 978-3-86744-084-4
Geb., 176 Seiten

SANKT ULRICH VERLAG